荻野文子 著

MADONNAKOBUN

マドンナ古文常識217

PERFECT EDITION

madonna kobun

パーフェクト版

Gakken

はじめに

単語・文法・読解バッチリ！　なのに、読めない!?

単語力・文法力・読解力は、入試古文をクリアするための基本の三要素です。でも、それだけでは文章は読めません。昔と今では、生活・風習・ものの考え方が大いに異なるからです。現代っ子には想像もつかないことで、当時の人々にとっては当たり前の〝常識〟だった事柄を「古文常識」といいます。古文常識の力がないのは、スポーツにたとえるとルールを知らないのと同じです。いくらトレーニングを積んで筋力をつけても、ルールを知らなくては試合には勝てません。

シロウトには見抜けない入試の巧妙なワナ！

過去の入試の設問だけをパラパラと見て、「古文常識なんて出てないヨ」という生徒がたくさんいます。確かに古文常識が直接設問にあがることはあまりありません。が、この知識がないと文章全体がチンプンカンプンで読めないという場合があります。小問の3点5点の小銭稼《こぜにかせ》ぎに走って古文常識を無視していると、文章が見えず、全問全滅の0点に近い悲惨な結果を迎えることもあります。また、単語力や読解力を問うているように見せておいて、じつは古文常識の力を試している――という巧妙な設問もたくさんあります。この怖さを認識していないことが、じつは最も恐ろしいことなのです。最近流行《はや》りの現古融合問題なども古文常識に大きな比重をかけています。

専門書でも手引き書でもない――初の本格的な受験参考書

受験界には本格的な古文常識の参考書がありませんでした。専門書や国語便覧《びんらん》などの網羅《もうら》型か、つけたし程度の付録《ふろく》型しかなかったのです。生活・風習・ものの考え方は、時代によって少しずつ違うので、細かくいえばキリがなく、簡単にしすぎると誤解が生じます。私は、入試古文に必要かつ十分な項目だけを選び出しました。頻出の「平安時代」に焦点を当て、専門的な時代別の微妙な差違はあえて大胆にカットしています。

ライバルに差をつける最大&最終の秘密兵器!!

入試に受かろうとする生徒たちは、単語力・文法力・読解力にはほとんど差がありません。みんなそれなりに努力を積んで受験するからです。同じレベルの受験生たちとの激しい闘いに勝つための、最大で最終の秘密兵器は「古文常識」の力しかありません。約一千年昔の平安時代にタイム・トリップして、さあ、一緒に学びましょう!

荻野文子

目次

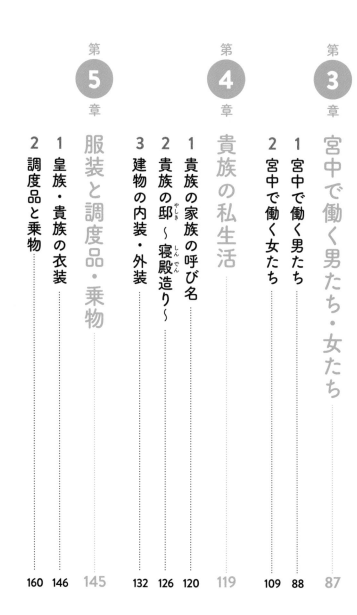

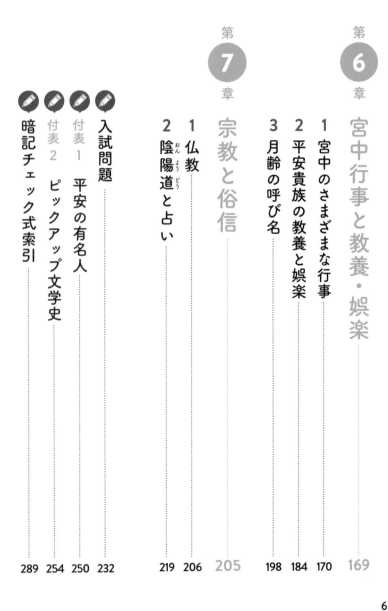

資料図表

●参考文献
「摂関政治」歴史新書〈日本史〉4　阿部猛著(教育社)
「受領」歴史新書〈日本史〉10　森田悌著(教育社)
「王朝の貴族」日本の歴史 5　土田直鎮著(中央公論社)
「日本婚姻史」日本歴史新書　高群逸枝著(至文堂)
「平安貴族の生活」　有精堂編集部編(有精堂)
「平安朝の生活と文学」　池田亀鑑著(角川書店)
「歴代天皇と皇妃たち」　横尾豊著(柏書房)

●協力
横田伸敬(日本史講師)
兼井信史
貝原弘二

●イラスト
水野　玲(本文)
熊アート(本文・図版)
春原弥生(キャラクター)

●カバーデザイン
齋藤友希(トリスケッチ部)

●編集協力
高木直子
黒川悠輔
野口光伸
粕谷佳美

●DTP
株式会社 四国写研

おすすめの使い方＆アドバイス

古文の世界の常識を知るために、ストーリーとして読んでいこう！

大切なのは、用語ひとつひとつの暗記よりも、当時の生活・風習・ものの考え方などを理解し、当時の人々には当たり前だった「常識」を知っておくこと。「へエ～！　そうだったんだ！」と興味を持ちながら、“読み本”として通読していきましょう。

STEP 1
ラフにざっと読み流す！

- 生活・風習・ものの考え方などの全体を把握するために、本書を**ざっと一読**しましょう。
- 最初は、**いちいち参照ページを繰ったり、暗記したりしなくてOK**です。図解やイラストも助けにしながら、まずは説明を理解しましょう。

STEP 2
各章ごとに用語を覚える！

- ２回目の通読では、**丁寧に読みなおし、ひとつひとつの用語を暗記**してみましょう。**参照ページ**も確認してください。
- 第１章から順に覚えていくのもよいですし、各章ごとに“テーマ”でくくってあるので、興味のある章から読み込んでもかまいません。
- 巻末の**索引**をチェック表として使ったり、復習用に**付属のアプリ**を活用したりするのもおすすめです。

巻末コーナーも充実！

入試問題ページ

使い方① **古文の苦手な人におすすめ**
本編のフキダシを参照すれば、巻末の入試問題のなかで用語がどのように登場するのかを確認できます。

使い方② **難関大学志望者におすすめ**
全章をすべてマスターしてから、入試問題に挑戦。より実戦的な力が身につきます。

付表「平安の有名人」「ピックアップ文学史」

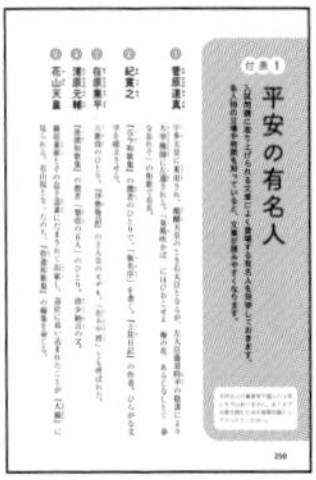

常識として知っておくべき平安の有名人や文学史を、ゴロ暗記や一覧表にまとめました。入試の予備知識として役立ちます。

付属の１問１答アプリを活用しよう！

いつでもどこでもできて、
暗記の効率も抜群。
くわしい使い方 は
12 ページ参照。

STEP 3

“用語集”として そのつど調べる！

- 学校の教科書・予備校や塾のテキスト・問題集などの予習復習のときに、わからない言葉があれば、そのつど**辞書代わり**に使ってください。
- 各用語の見出しは古語で列挙されているので、“**用語集**”としても使えます。

本書の使い方

赤字は暗記、太字は重要ポイント

- 入試で直接設問にあがる意味や、知っているはずのものとして大学が〔注〕をつけてくれないような内容については、赤字にしています。
- 説明文中の**太字**は、文章を読むための予備知識として、知っていると得する重要なポイントです。人と差のつく余力の知識となりますから、貪欲に取り込みましょう。

見出しの太字項目は頻出用語

- 見出しのうち、**太字**で示しているものは全レベルの大学に必要な用語です。
- 難関大学志望者は、太字以外もすべてマスターしましょう。

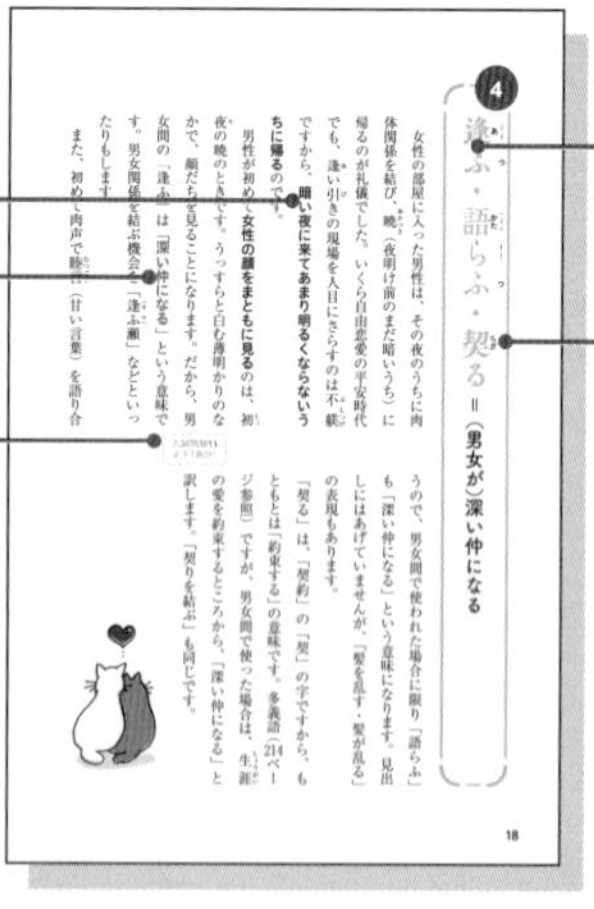

4

逢ふ・語らふ・契る＝**（男女が）深い仲になる**

女性の部屋に入った男性は、その夜のうちに肉体関係を結び、暁（夜明け前のまだ暗いうち）に帰るのが礼儀でした。いくら自由恋愛の平安時代でも、逢い引きの現場を人目にさらすのは不粋ですから、**暗い夜に来てあまり明るくならないうちに帰る**のです。

男性が初めて**女性の顔をまともに見る**のは、初夜の晩のときです。うっすらと白む薄明かりのなかで、顔だちを見ることになります。だから、男女間の「逢ふ」は「深い仲になる」という意味です。男女関係を結ぶ機会を「逢ふ瀬」などといったりもします。

また、初めて肉声で睦言（甘い言葉）を語り合うので、男女間で使われた場合に限り「語らふ」も「深い仲になる」という意味になります。見出しにはあげていませんが、「髪を乱す・髪が乱る」の表現もあります。

「契る」は、「契約」の「契」の字ですから、もともとは「約束する」の意味です。多義語（214ページ参照）ですが、男女間で使った場合は、生涯の愛を約束するところから、「深い仲になる」と訳します。「契りを結ぶ」も同じです。

18

フキダシは入試問題の参照箇所

- 巻末の入試問題の参照箇所が記されています。学んでいる用語が実際の入試問題ではどのように登場するのかを確認することができます。

赤字のふりがなは頻出の読み

- 入試頻出の漢字の読みは赤字で示しています。実際の入試問題では、漢字ではなくひらがなで用語が登場するケースもあるので、重要な読みはふりがなでも確認しておきましょう。
- 巻末の索引で読みの暗記チェックもできます。

かな表記について

本書では、場合に応じて、Ⓐ新旧二列式・Ⓑ新旧一列式の二通りのかな表記を使いますが、いずれの場合も、旧(歴史的)かなづかいをひらがなで、新(現代)かなづかいをカタカナで表記しています。ただし、新かな読みは、旧かなと異なる部分だけとし、新旧同じ部分は省略しました。

Ⓐ新旧二列式

懸《け》想《ソウ》《さう》……新かな／旧かな

Ⓑ新旧一列式

懸《け》想《さ(ソ)う》…旧かな(新かな)

陰《おん》陽《ヨウ》《やう》師《じ》……Ⓐ方式

陰《おん》陽《みやう》《ミョウ》師《じ》……Ⓐ方式

見出し項目のふりがなについて

- 原則としてⒶ方式で表記しています。
- 赤字は入試頻出の読みです。新旧とも暗記しましょう。
- 二種類の読みがあるものは、スペースの都合上、漢字の右と左にふり分けています。（ともにⒶ方式）

説明文のふりがなについて

- 各用語の意味や説明文は現代語ですから、原則として新かな読みで表記します。
- 説明文中の「　」（　）つきの古語は、見出しに取り上げた語は旧かなのみ、見出しにない語はⒷ方式で新旧両読みを表記します。
- 人物名・出典名は、新かな読みで表記しています。付表も同様。
- 102ページの旧国名は、入試に旧かな読みの出る国名のみ、新旧両読みを表記しています。

スマホでいつでもできる！

マドンナ古文常識アプリの使い方

アプリの始め方

❶ スマートフォンやタブレットで右の二次元コードを読み取り、LINE 公式アカウント「学研 高校 Study」が表示されたら、LINE の友だちに追加する。

❷ トーク画面の「メニュー」を選び、一覧から『マドンナ古文常識217』をタップする。

※通信料はご利用者のご負担となります。

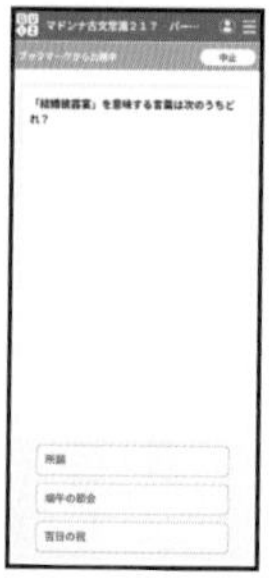

本書に出てくる用語を 3 択問題でチェックできる。「全体からランダム出題」のほか、「各章ごとの出題」、「チェックした単語の中から出題」など、出題範囲も選択できる。

第1章

恋して、泣いて笑って…人生いろいろ
では、楽しく始めましょう!

恋愛・結婚と祝事・弔事《ちょうじ》

顔を見ないで恋をして、一夫多妻の通い婚・・・・昔の恋愛・結婚は今とは全然違います。家族の呼び名も、知らずに読むと大パニック！　整理して覚えましょう。また、一生のさまざまな儀式も学びます。

1 平安時代の恋愛と結婚

婚姻届も離婚届もいらないデート結婚

男と女が愛し合う気持ちは今も昔も変わりませんが、恋心の伝え方・恋愛の手順・結婚のスタイルには大きな違いがあります。昔の常識が今の非常識・不道徳だったりするので、その違いを認識しておかないと、とんでもない読み違いを起こします。恋愛の話はみなさんにとって興味の持てる項目だと思いますので、「へェ〜！」と驚きながら楽しんで読んでください。

平安時代の結婚は、一夫多妻がふつうでした。同居する場合もありますが、基本的には夫が妻のもとへ通う「通《かよ》い婚《こん》」のスタイルをとります。また、当時は、妻の実家の財力が夫を支えますので、家柄のよい女性が第一夫人となります。財力を失ったり、父親の身分が落ちたりすると、妻のランクが下がったり、捨てられたりもしました。

庶民と貴族と皇族（天皇家）では少し結婚形態が違うのですが、この章では貴族の恋愛・結婚を中心にお話しします。庶民の結婚は入試においてはあまり重要ではないからです。また、天皇家の結婚については第2章でくわしく説明します。

1 垣間見《かいまみ》＝覗《のぞ》き見《み》／聞《き》こえ・音《おと》＝評判・噂《うわさ》

昔の女性は、肉体関係を結ぶまでは**男性に顔を見せません**。だから、男性は、**覗き見**してチラッと見えた姿や、人から聞く**評判・噂**などを手がかりに、女性を口説《くど》きました。

覗き見を、古文では「垣間見」といいました。文字どおり、「垣根の透《す》き間から見る」ことです。そこから転じて、垣根越しでなくても、盗み見ることすべてをいうようになりました。**簾《すだれ》**や**几帳《きちょう》**（137・138ページ参照）が、風であおられたり物に障《さわ》ってずれたりすると、その隙間《すきま》から覗いたりもします。今は覗き見は性犯罪で捕《つか》まりますが、昔は当たり前のことでした。もっとも、あまり堂々とやる男性はいません。気づかれると、相手の女性がすぐに姿を隠してしまうからです。でも、見つかったからといって叱《しか》られはしませんでした。

貴族の女性の家では、よい婿《むこ》を招き寄せるために、娘のよい評判を**親や使用人がわざと流す**こともあります。「世間に聞こえる音」という意味で、評判・噂のことを「聞こえ」「音」などといいます。

「**音に聞く**」は「**噂に名高い**」という意味です。

また、「世間が覚える」の発想で、「覚え」にも「評判」の意味があります（83ページ参照）。

2 文《ふみ》＝手紙　懸《け》想《さう》《ソウ》文《ぶみ》＝恋文

覗《のぞ》き見したり噂《うわさ》を聞きつけたりした男性が、その女性に興味を持った場合は、ラブレターを出します。「文」はふつうの手紙にも恋文にも使われます。特に**恋文**を意味する語には「懸想文」があります（27ページ参照）。手紙はふつう**和歌**のスタイルをとります。

高貴な男性は、部下や召使《めしつかい》の童《わらわ》に恋文を持たせ、女性の家に届けさせます。季節の花一枝を添えて送る場合もあります。受け取った女性の側もつき合ってみようと思う場合は、気のある返事を和歌で返します。男のよこした部下や童に**返《へん》歌《か》**を持たせて帰すのです。

女性は家柄が高貴な場合、結婚を本人の一存では決められません。より身分の高い男性と結婚させて**一族が繁栄する**ようにと親が願うからです。そこで、男性の和歌（恋文）を親がチェックし、結婚相手としてふさわしいかどうか決めることがあります。また、返歌も、娘の気持ちに関係なく、親が代わりに拒否したりＯＫしたりしてしまいます。つまり、**和歌の代《だい》詠《えい》**が行われるのです。親が詠《よ》む場合もありますが、貴族の邸《やしき》で雇われている**女房《にょうぼう》・侍《じ》女《じょ》**（働く女性）のなかの特に和歌の得意な者に詠ませる場合もあります。

3 呼《よ》ばふ《ウ》 ＝ 求婚する・求愛のために夜に女のところへ行く

何度か和歌のやりとりをしたあと、女性もその気でいると男が判断した場合は、いよいよプロポーズします。当時の結婚は婚姻届を出すわけではありませんので、**肉体関係を結ぶ**ことで夫婦関係とみなしました。だから、「今夜あたりあなたのところへ行ってもいいですか」とうかがいをたてることがプロポーズということになります。あまり露骨にならないように**比喩《ひゆ》表現**などを使って、和歌のなかにその意思をうまく詠《よ》み込むのです。

女性がそれとなくOKの意味の返歌《へんか》を送ってよこした場合は、男は夜に人目を忍んで、女性の家へ行きます。本人みずからが部屋に招き入れてくれる場合もありますし、**親や女房《にょうぼう》・侍女《じじょ》が女性の部屋へ導き入れてくれる**場合もあります。

「呼ばふ」は、もともと「女性の注意を引きつけようと何度も呼ぶ」ところから生まれた言葉で「好きだ、好きだ」と連発するのが語源ですから、「**求婚する・求愛する**」の意味で使われます。また、求婚はすなわち肉体関係を結ぶことでもあるので、「**夜に女性のところへ行く**」とも訳します。いわゆる「夜這《よば》い」のことです。

4 逢《あ》ふ《ウ》・語《かた》らふ《ウ》・契《ちぎ》る ＝（男女が）深い仲になる

女性の部屋に入った男性は、その夜のうちに肉体関係を結び、暁《あかつき》（夜明け前のまだ暗いうち）に帰るのが礼儀でした。いくら自由恋愛の平安時代でも、逢《あ》い引《び》きの現場を人目にさらすのは不《ぶ》躾《しつけ》ですから、**暗い夜に来てあまり明るくならないうちに帰る**のです。

男性が初めて**女性の顔をまともに見る**のは、初《しょ》夜《や》の暁のときです。うっすらと白む薄明かりのなかで、顔だちを見ることになります。だから、男女間の「逢ふ」は「**深い仲になる**」という意味です。男女関係を結ぶ機会を「逢ふ《（オウ）》瀬」などといったりもします。

入試問題11
ℓ.1「あひ」

また、初めて肉声で睦言《むつごと》（甘い言葉）を語り合うので、男女間で使われた場合に限り「語らふ」も「深い仲になる」という意味になります。見出しにはあげていませんが、「髪を乱す・髪が乱る」の表現もあります。

「契る」は、「契約」の「契」の字ですから、もともとは「約束する」の意味です。多義語（214ページ参照）ですが、男女間で使った場合は、生涯《しょうがい》の愛を約束するところから、「深い仲になる」と訳します。「契りを結ぶ」も同じです。

参考

5

逢《あふ》《オウ》坂《さか》の関《せき》＝「逢ふ《ウ》」の比喩《ひゆ》表現

「逢坂の関」は、京都と滋賀の境にある逢坂山の関所の名前です。都を出て関東へ行く道「**東路**《あづ(ズ)まぢ(ジ)》」を通る人は、必ずこの関所を通りました。和歌や文章中によく出てくる名所です。文字どおり地名としての関所を意味する場合もありますが、**比喩表現**で「逢ふ」の代わりに使われることもあります。

17ページで述べたように、「そろそろ深い仲になりたい」などと男性が求愛の和歌を送ることがありますが、露骨な表現はオシャレではありませんので、「逢坂の関を越えたい」などと詠《よ》むのです。「**男女の一線**を越えたい」ということですね。「**逢**」の一字だけに意味が込められているのです。

6 後朝《きぬぎぬ》 ＝ 共寝《ともね》をした翌朝の別れ

男女が**共寝**をするときは、**お互いの着物**を脱いで重ねて、その上に横たわりました。暁《あかつき》に男性が帰るとき、それぞれ着物を身につけてお別れします。「きぬぎぬ」の読みは、もとは着物を重ね合う「衣衣《きぬぎぬ》」からきています。また、「後朝」の漢字は、「こと(!?)の終わった後《あと》の朝」の意味から当てられました。

暁に出ていった男は家に帰るか仕事に出るかしますが、自分の世界に戻るとすぐに、**残してきた女性のところへ手紙を出す**のがマナーでした。これを「**後朝の文《ふみ》**」といいます。この手紙も多くの場合は**和歌**の形式です。女性は男性と違って共寝のあとに余韻が残り、充足感と同時に不安も覚えますので、愛がますます深まったことを手紙にすることで男が女を慰めるのです。この手紙を運ぶ人を「**後朝の使《つかひ(イ)》**」といいます。

昔は、女性に心配りのできない男性は**無風流《ぶふうりゅう》**だとして嫌われました。『枕草子《まくらのそうし》』には、後朝の別れ際《ぎわ》の男の帰り方についてくわしく述べた章段があります。女性に愛を囁《ささや》きながら帰っていく男がよくて、バタバタと慌《あわ》てて帰る男はダメだと書いています。

7 通《かよ》ふ《ウ》 ＝ 男が（夫または恋人として）女の家へ行く

昔の結婚は婚姻届などの法的な手続きはとりませんので、結婚生活は**男が女の家に会いに行く**ことでしか持続しませんでした。一夫多妻なので、男はあちこちの女性のところへ通います。なかには、一度きりで二度と男が通ってこないという場合もあります。また、ある期間通い続けてはいても「恋人」の意識にすぎず、正式の結婚とはみなさない場合もあります。夫としてであれ、恋人としてであれ、女のところへ愛を交《か》わしにいくことを「通ふ」といいます。

では、何をもって**正式の結婚**と認めるのでしょうか。それは、男性が初夜《しょや》から**三晩連続**で通ってきた場合です。「この女と結婚したい」と思う男性は、雨が降ろうが熱があろうが、三日三晩を通いつめなければなりません。一方、結婚を約束せずに適当に愛人関係を保ちたい場合は、間《ま》をおいて通えばよいということになります。ただし、女性のほうがそれを拒否する場合もあります。夜中に男性が戸を叩《たた》いてもなかへ入れてくれないのです。「遊びはイヤよ」という意思表示です。

やったあ あとひとつだ〜
うふ
1 2 3
スタンプラリー

8 所《ところ》顕《あらはし》《アラワシ》・露《ところ》顕《あらはし》《アラワシ》＝結婚披露宴

身分の低い女性を相手にしたときは、正式に結婚しなくても表立ったトラブルにはなりませんが、身分の高い貴族の娘などの場合は、いいかげんなことをすると父親が黙っていません。また、男のほうも、より身分の高い人の娘と婚姻関係を結び、**妻の父親の財力や権力を後《うし》ろ楯《だて》にして出世しよう**としますから、正式な結婚を望みます。多くの妻たちのランキングは、愛情の強い順番ではなく、女性の実家の**身分・家柄**の順番で決まります。

三晩を通《かよ》い続けて結婚の意思を明らかにした男性は、三晩目の朝はゆっくりと朝寝をします。人目をはばからない**公認の関係**になったということです。娘の親は男が居《い》ついてくれることを願い、初夜《しょや》から三晩は夜の間《あいだ》だけ男の沓《くつ》を抱いて寝ました。また、三日目の夜には婚姻成立を祝ってお餅《もち》をふるまいます。これを「三日夜《みかよ》の餅の儀《ぎ》」といいます。

それが終わると妻の親族や友人が招かれ、夫と正式に顔合わせをします。今でいう**披露宴**で、これを「所顕・露顕」といいます。夫の所在を公《おおやけ》にあらわし披露するのです。昔の結婚は**女性側の一族が主導権を握ります**ので、男性側の親族は披露宴には参加しません。

9

片敷《かたし》く ＝ ひとり寝をする

お互いの着物を脱ぎ重ねて男女が共寝《ともね》をするということを、「後朝《きぬぎぬ》」の項でお話ししました。二枚の着物の「片方(一枚)だけを敷く」ことを「片敷く」といいます。「**ひとり寝をする**」ことですね。通《かよ》い婚《こん》の場合は、男がたまにしか会いにきてくれないことがあります。男のほうも、仕事が忙しかったり遠くへ出張・転勤していて、女のところへ通えない場合もあります。そういうときは、ひとり寝のさみしさを和歌に詠《よ》んで相手に送ります。『百人一首』の「きりぎりす／鳴くや霜夜《しもよ》の／さむしろに／衣《ころも》**片敷き**／ひとりかも寝む」は有名ですね。

10

音《おと》なし ＝ 音沙汰《おとさた》がない

「音」は「音・噂《うわさ》・連絡」などの多くの意味を持っていますが、「音なし」は「**連絡がない・音沙汰がない**」と訳します。**男の通《かよ》いが途絶《とだ》えた**ときなどに使う表現です。

11 相《あひ》《アイ》住《ず》み・相《あひ》《アイ》添《ぞ》ひ《イ》＝同居
具す・相《あひ》《アイ》具《ぐ》す＝連れ添う

　平安時代の貴族の結婚は**基本的には通《かよ》い婚《こん》**の形態をとります。一生涯《いっしょうがい》すべての妻に対して通い婚で通す男性もいました。けれども、多くの妻の家々を日ごと通うのは実際はたいへんだったようで、これぞと思う大切な妻だけは**同居する**こともありました。これを「相住み・相添ひ」といいます。「具す・相具す」も「**連れ添う**」と訳し、同居を意味します。

　貴族の邸《やしき》の建築様式を**寝殿造《しんでんづく》り**といいます。寝殿造りには「**対屋**《たいのや》」と呼ばれる建物があって、そこに**おもだった妻**を住まわせました。夜に夫が妻の部屋を訪《たず》ねていきます。つまり、一つの敷地内に同居しながら、部屋を訪ねるという通い婚をするのです（128ページ参照）。おもだった妻とは、**身分の高い妻**ということで、愛情の強さではありません。

　ついでにいうと、皇太子や天皇などの皇族も同じ結婚形態をとりました。宮中《きゅうちゅう》という同じ敷地内に多くの妻の部屋部屋があって、同居することになります。ただ、皇太子や天皇という最高権力者にわざわざ部屋まで足を運んでいただくのはもったいないので、妻たちが呼ばれて皇太子や天皇の部屋へ通いました（53・54ページ参照）。

12

色好《いろごの》み ＝ ①風流好《ふうりゅうごの》み ②恋愛好き・恋愛上手《じょうず》

「色」は、もとは「美しい色彩」「女の容色《ようしょく》」を意味しました。「色好み」とは「美しいものにひかれること・美しいものを追い求めること」なのです。ですから、恋愛だけでなく、オシャレに凝《こ》ることや、美しい景色を見ることや、音楽・文学の美しさに感動することなど、広い意味で「**風流を好むこと**」すべてをいいます（197ページ参照）。

平安時代は、男も女も、どんな能力にもまさって**風流であることがいちばん大切**なことでした。特に**宮中《きゅうちゅう》という社交界**で生きていく人々は、より華やかにスマートに**洗練**されていなければなりません。恋愛においても同じことがいえます。男でも女でも、相手の心を察した演出でムードを盛り上げる**恋愛上手な人**を「色好み」といいました。そういう人はおのずと多くの異性にモテますから、「恋愛好き」「遊び好き」の意味にも使われ、「好き者」ともいいます。

色好みの男の交際範囲は〝ゆりかごから墓場〟まで!?

色好みの男性は、**幼女から老婆まで**幅広い年齢の女性と交際しました。

幼女の場合は、「おとなになったら結婚したい」と親に申し出ておきます。『大和物語《やまと》』には、ある男が美しい顔だちの赤ちゃん（女児）を抱いている母親に、「この子が大きくなったら必ず迎えにくるから」といって約束の証拠に自分の帯を預けていく場面があります。また、フィクションですが、『源氏物語《げんじ》』の光源氏《ひかる》も幼少の若紫《わかむらさき》（のちの紫《むらさき》の上《うえ》）を手元に引き取って育て、成人したのち妻としています。

一方、『伊勢《いせ》物語』には、老婆を相手にする男が出てきます。老婆の場合は男性のほうから好《この》んで近づくということは考えられません。老婆のほうが、夫のいないさみしさから男性にいい寄るのです。「色好み」の男は**相手の女性を傷つけない**ことをモットーとしているので、気の毒にと思って一二度つき合ってあげるのです。『伊勢物語』の主人公の男は、平安一の色男**在原業平《ありわらのなりひら》**がモデルだといわれています（250ページ③参照）。

13 世《よ》・世《よ》の中《なか》＝男女の仲

＊「世・世の中」は多義語

「世・世の中」は「①世間・俗世 ②**男女の仲** ③政治」などの意味を持つ多義語です（81・208ページ参照）。文脈が**恋愛**や**結婚**の話の場合は、「男女の仲」と訳してください。

入試問題11
ℓ.1、問1「世」

14 懸《け》想《さう》《ソウ》＝恋すること

「異性に想《おも》いを懸《か》けること」を「懸想」といいます。**恋すること**です。「懸想す」「懸想立《だ》つ」「懸想ぶ」「懸想ばむ」などと微妙にニュアンスの違うさまざまな表現があるのですが、受験生は細かいことはともかく、恋をしているのだとわかればよいでしょう。

「懸想人《びと》」は「**恋人**」、「懸想文《ぶみ》」は「**恋文**」（16ページ参照）です。

15 妬《ねた》し・妬《ねた》む・恨《うら》む＝嫉《しっ》妬《と》する

一夫多妻なので、女性は絶えずほかの女性の存在に心を傷《いた》めます。単なる愛情だけの問題ではなく、妻としての**ランキング**を気にするのです。一度は第一夫人の地位を手にしても、もっと**身分の高い女性を夫が妻に迎えた**ときは、第二夫人に下がってしまいます。あるいは、相手が身分の下の女性であっても、自分より**先に子どもを産んだ**場合は、自分を越して上位の妻にランクアップすることもあります。そういう不安のなかで、妻たちは互いに嫉妬し合いました。

16

新《にひ》《ニイ》枕《まくら》・新《にひ》《ニイ》手《た》枕《まくら》 ＝ その人との初めての共寝《ともね》

初婚でも再婚でも、その異性と**最初に迎えるベッドイン**を「新枕・新手枕」といいます。和歌にもよく出てくる表現です。

ところで、女性が再婚するには最初の結婚を破棄（離婚）しなければなりません。離婚はどのようにしたのでしょう。基本的には**通《かよ》い婚《こん》**なので、男性が**三年間通ってこなければ自然消滅の離婚**とみなします。三年間も音信不通で待たされる妻はかわいそうですが、三年経った翌日には、ほかの男性の求婚を受け入れてもかまいません。

『伊勢《いせ》物語』には、三年目の夜に、女が夫を諦めて新しい恋人と「**新枕**」しようとする場面があります。ところが、運悪く（!?）夫が訪《たず》ねてきました。この夫は、三年の期限切れぎりぎりに駆《か》け込んで、**結婚を継続**させようとしたのです。女は「三年待ってつらかったので、今宵《こよい》こそ私は**新枕**する」と和歌を詠《よ》んで、新たな男性の存在を知らせ、夫をなかへ入れませんでした。夫は歌を返して帰っていきます。こうして、女は、さみしさと腹立たしさから一度は夫を拒《こば》んだのですが、いよいよ夫が去ると知った途端《とたん》、「ずっとあなたが好きだった」と叫んで、夫を追いかけます。

夫も「つま」、妻は「妹《いも》」、妹は「おとうと」!?

貴族・中流階級・庶民に関係なく、一般的な家族関係（続柄《つづきがら》）を表す用語を説明します。夫を「せ」妻を「いも」というなど、現代ではまったく使わない呼び名もあるし、夫も妻も「つま」といったり、弟も妹も「おとうと」というなど、現代と違って男女の区別なく使う紛らわしい呼び名もあります。特に混同しそうなややこしい用語は、意識して覚えましょう。

皇族（天皇家）の家族の呼び名は特殊なので、第2章でくわしく説明します。
また、貴族特有の家族の呼び名も第4章で説明します。

17 つま ＝ 配偶者

＊夫・妻の両方に使う

今は妻だけを「つま」といいますが、平安時代は、**夫も「つま」**、**妻も「つま」**といいました。つまり、**配偶者**のことです。結婚するときに、女の実家の「端《つま》」に寝所《しんじょ》となる家屋を建て、夫をそこに通《かよ》わせたことによるのだそうですが、言葉の由来を覚える必要はありません。

入試では、ひらがなの「つま」に線を引き、漢字を当てなさいと要求されることがあります。文脈をよく見て**性別**を判断し、男性だったら「夫」、女性だったら「妻」と書かなければいけません。気をつけましょう。

そんでもって わたくしも つまでーす
やっほー!っ
てへっ…
つまと つまとで つましく
あなた
おまえ
どちらも つまですよ
つま 妻
つま 夫
えーっ そうなんだぴょーん
読めない 書けない
わたくしの つまがねー
てへっ
と言ったら だんなさまの 夫のほう です
てへっ
へーっ

18

兄《せ》・背《せ》・夫《せ》＝夫・愛する男

＊「兄子《せこ》・背子《せこ》・夫子《せこ》」ともいう

正式な結婚をした夫も、**愛人関係のまま通《かよ》ってくる男**も、「せ」「せこ」といいます。「**夫**」もしくは「**愛する男**」という意味です。

「せ」を漢字で表記すると、「**兄**」「**背**」「**夫**」の三つがあります。漢字が違っても、意味は同じです。「夫」はその字のとおりですから、抵抗はありませんね。

「背」は、女から見ると男の背中が大きく頼もしく見えたからでしょうか。あるいは、暁《あかつき》に帰る男の背中を見送るときが、女にとっていちばん切《せつ》なく、いちばん愛《いと》しさがつのる情景だったからかもしれません。

意外なのは「兄」です。もともとは兄弟・年長年少・血縁のあるなしに関わらず、女性から見て**親しい情を感じる男性**をすべて「兄」といいました。つまり、兄の意味でも、弟の意味でも、愛する男・夫の意味でも使うということです。ただ、あえて入試が設問にあげる場合は、私たちには意外な「**夫**」**の意味で問う可能性が高い**でしょう。

兄弟を意味する古語は、「せ」よりも「せうと」のほうが一般的です（34ページ参照）。

19 妹《いも》＝妻・愛する女

「いも」は「せ」の対義語です。**正式な結婚をした妻**も、**愛人関係のまま通《かよ》っていく女**も、「いも」といいます。「**妻**」もしくは「**愛する女**」という意味です。

もともとは姉妹・年長年少・血縁のあるなしに関わらず、男性から見て**親しい情を感じる女性**をすべて「妹」といいました。つまり、姉の意味でも、妹の意味でも、愛する女・妻の意味でも使うということです。ただ、あえて入試が設問にあげる場合は、私たちには意外な「**妻**」**の意味で問う可能性が高い**でしょう。

「いも」は、和歌のなかにもよく出てきます。原則として「妻・愛する女」と解釈してください。

また、「**妹背**《いもせ》」とセットで出てきたら、99パーセント「夫婦・愛し合う男女」のことです。「いも」は、漢字の読み書きも問われます。

ついでにいうと、妻は「妻《め》」ともいいます。

兄弟姉妹の姉妹を意味する古語は、「妹《いも》」よりも「妹人《いもうと》」のほうが一般的です（34ページ参照）。また、妹《いもうと》を意味する古語には「おと(う)と」もあります（35ページ参照）。

これがおとうとでこれはいもだ
よろしくねー
イモ！
なんかやなかんじ えへ
いもさんこんにちは

20 兄人《ショ》《せ》《うと》＝男きょうだい（兄・弟）／妹人《いもうと》＝女きょうだい（姉・妹）

姉妹から見た「**男きょうだい**」を「せうと」といいます。漢字は「兄人」と書きますが、**兄**の意味でも**弟**の意味でも使います。

兄弟から見た「**女きょうだい**」を「いもうと」といいます。漢字は「妹人」と書きますが、**姉**の意味でも**妹**の意味でも使います。

「せうと」も「いもうと」も、文章中は漢字で見ることはほとんどなく、ひらがなで出てきます。

年上にも年下にも使う語です。要するに「きょうだい」を意味すると理解しましょう。入試においては、年上か年下かを判断させるような問題は過去に出たことはありません。ただ、**きょうだい**であることと**男女の別**がわかりさえすればよいのです。

ついでにいうと、きょうだいの年上を「**子《こ》の上《かみ》**」といいます。また、男のほうを「あに」、女のほうを「あね」というのは、今と同じです。

きょうだいの年下の呼び名は、次の項を読んでください。

21 おとと・おとうと＝年下のきょうだい（弟・妹）

きょうだいの**年下の者**をいいます。「子の上《こかみ》」の対義語に当たります。**弟**にも**妹**にも使うので注意しましょう。「おとと」「おとうと」に線を引き、**性別**（弟か妹か）を答えさせることもあります。原則として文脈で判断します。

　ただし、「あにおとと」となっているときには「兄と弟」、「あねおとと」となっているときには「姉と妹」です。このように、兄や姉とペアで出てくる「おとと」「おとうと」は、同性のきょうだいと判断すればよいのです。

22 はらから ＝ きょうだい

兄弟姉妹のだれにでも使える語は「はらから」です。もともとは「同じ母の腹から生まれた者」ということでしたが、一夫多妻の時代になってからは、父が同じで母が違うきょうだいも「はらから」といいました。この語は同母か異母かを意識する必要はありません。

同母のきょうだいは「**ひとつばら**」といいます。文字どおり「一つの腹」から生まれたということです。**異母きょうだい**の場合は「**ことばら**」といいます。「異なる腹」から生まれたということですね。

また、「～の腹」は「～の**産んだ子**」の意味です。

入試問題4
ℓ.13
「…の御女の腹」

23 〔人物名・役職名〕の女《むすめ》 ＝ ～の娘

「女」は、単独で出てきた場合は女性を意味しますが、「菅原孝標《すがわらのたかすえ》の女」「大納言《だいなごん》の女」などと、**人物名や役職名の続き**に出てきた場合は、その人の「娘」です。

入試問題9
ℓ.1「…の御女」
問3　1～6「…の女」

24

おぢ《ジ》・おほ《オ》ぢ《ジ》＝祖父

おば・おほ《オ》ば＝祖母

祖父を「**おぢ**」「**おほぢ**」といいます。「**大父**《おほちち》」がつづまってできた言葉です。父より偉大な「祖父」なのです。

祖母を「**おば**」「**おほば**」といいます。「**大母**《おほはは》」がつづまってできた言葉です。母より偉大な「祖母」なのです。

25

を《オ》ぢ《ジ》＝おじ（伯父・叔父）

を《オ》ば＝おば（伯母・叔母）

「**をぢ**」（伯父・叔父）も「**をば**」（伯母・叔母）も、音は今とまったく同じです。ただし、ひらがなで表記するときは、ワ行の「**を**」を書くので注意しましょう。

前項の「**おぢ**」「**おば**」と、この項の「**をぢ**」「**をば**」を混同しないようにしましょう。「おぢ」「おば」の「お」は、前項で話したように「おおきい」の「お」です。語源を意識して覚えておくと、混乱が避けられます。

参考

26

翁《おきな》 ＝ おじいさん

血縁のあるなしに関わらず、一般的な意味の**老人**（男）を「翁」といいます。「おきな」と読みます。漢字の読み書きも問われます。

参考

27

媼《おうな》 ＝ おばあさん

血縁のあるなしに関わらず、一般的な意味の**老女**を「媼」といいます。「おうな」と読みます。漢字の読み書きも問われます。

起きてても おきな
逃げても おうな
な〜んちゃってね〜
きゃはっ

「12歳でオトナ！　40歳で長寿!!」の早送り人生

恋愛と結婚についてお話してきましたが、結婚以外にもさまざまなお祝い事があります。お誕生祝い・成人式・長寿の祝いなどです。祝事は、現代の風習に残っているものが多いですが、呼び方が異なりますので、きちんと理解したうえで、用語を暗記しましょう。

また、一生のうちには、悲しい出来事もあります。死に際して、お葬式や法事などをしました。

この章では、そうした一生の節目《ふしめ》に行われる儀式やしきたりについて説明しましょう。

28 産《うぶ》養《やしなひ》《ヤシナイ》＝誕生祝い

皇族（天皇家）や貴族の家庭に赤ちゃんが生まれると、「産養」という**誕生祝い**をします。誕生当日から数日間、親族を招いて祝宴を催しました。父や祖父や伯父・伯母などがつぎつぎにやってきて、さまざまな贈り物をします。また、七日目の夜には、赤ちゃんに名前もつけます。この名づけの風習は、現代にもお七夜《しちや》として受け継がれています。

高貴な家柄の子どもの場合、**幼児のうちは母方《ははかた》の実家で育てる**のが一般的でした。産養も母方の実家で盛大に催すことが多かったようです。

29 五十日《いか》の祝《いはひ》《イワイ》・百日《ももか》の祝《いはひ》《イワイ》 ＝ 誕生五十日目・百日目の祝い

誕生後五十日目と**百日目**には特別の祝宴が行われました。これを「五十日の祝」「百日の祝」といいます。「五十日」は「**いか**」、「百日」は「ももか」と読みます。赤ちゃんの口に餅《もち》を含ませる形式的な**食《く》い初《ぞ》め**の儀式です。儀式が終わると、おとなたちは宴会をします。

「五十日の祝」の有名な章段が『紫式部《むらさきしきぶ》日記』にあります。**藤原道長**《ふじわらのみちなが》は、娘の**中宮**《ちゅうぐう》**彰子**《しょうし》が産んだ若宮（天皇の息子）のために五十日の祝を催し、**紫式部**（彰子の女房《にょうぼう》）に和歌を作らせました。

「**いかに**いかが／かぞへやるべき／八千歳《やちとせ》の／あまり久しき／君が御代《みよ》をば」（①五十日の祝に、②どのようにどうして数え上げることができるでしょう。幾千年も続く若宮の御代を）。この歌の「いかに」は「①**五十日**《いか》**に**」と「②**如何**《いか》**に**」の掛詞《かけことば》になっていて、関西学院大・岐阜大が問題にしました。「五十日」を「いか」と読むことに気づかないと解けない問題です。

また、早稲田大は『夜の寝覚《ねざめ》』において、「御五十日」「百日」などのキーワードから、赤ちゃん誕生の場面だと気づくことを求めました。

30 袴着《はかまぎ》＝初めて袴を着ける儀式

男女とも、**三歳から七歳**くらいの間《あいだ》に「袴着」の儀式をします。幼児から**児童の年齢に達したことを祝う**節目《ふしめ》の儀式で、昔はこれくらいの年齢で一人前《いちにんまえ》の子どもとみなしました。儀式が終わると、音楽の催しや宴会があります。今の七五三はこのなごりです。

31 元服《げんぶく》・初冠《ウイコウブリ／うひかうぶり》・冠《コウブリ／かうぶり》＝男子の成人式

皇族や貴族の息子たちは、**十二歳**ごろに**成人式**を迎えます。これを「元服」といいます。児童のうちは男女とも髪形をオカッパ頭にしているのですが、男子は元服のときに髪を結《ゆ》い、頭に「**冠**」(148ページ参照)をのせます。だから、元服を「初冠・冠」ともいいます。

入試問題7　ℓ.1「かうぶり」
問1　へ「元服」

天皇や皇太子の元服の場合は、髪を整え冠をかぶせる役目をするのは、大臣たちです。

貴族の男子は、元服のあと、宮中《きゅうちゅう》に働きに出ます。将来は大臣や大納言《だいなごん》などに出世するエリートですから、多くの場合はいきなり「五位」の位をもらいます(148ページ参照)。

◆「元服」は、現代では「げんぷく」ですが、古文では「げんぶく」です。

32 裳着《もぎ》＝女子の成人式

皇族や貴族の娘たちは、**十二歳**ごろに**成人式**を迎えます。日取りは、**結婚を間近に控えた時期**を見はからって決めます。一人前《いちにんまえ》の女性になったという証《あかし》に着物の上から「**裳**《も》」（150ページ参照）を着けるので、女子の成人式を「裳着」といいます。

入試問題7
問1　ホ「裳着」

また、成人式のときに髪を束ねます。これを「髪上げ」といいます。

ついでにいうと、成人後の女性はお化粧をします。化粧をすることを「化《け》粧《さ(ソ)う》ず」「つくろふ《(ウ)》」といいます。白粉《おしろい》を塗り口紅をつけるほか、眉《まゆ》を抜いて**眉墨**《まゆずみ》**で描**《か》**き**、**歯を黒く染め**ます。眉を整えることを「引眉《ひきまゆ》」、歯を染めることを「**歯黒**《はぐろ》**め**」といいます。

33

四十《よそぢ(ジ)》の賀《が》・五十《いそぢ(ジ)》の賀《が》…＝**四十歳から十年ごとの長寿の祝い**

皇族（天皇家）や貴族は、**四十歳**から始めて**十年ごとに長寿のお祝い**をします。これを「算賀《さんが》」「年賀《ねんが》」といいます。現古融合文には「算賀・年賀」の用語が使われる可能性もありますが、古文の原文には「四十の（御《おん》）賀・五十の（御）賀…」などと具体的な年齢で出てきます。「四十《よそぢ(ジ)》・五十《いそぢ(ジ)》・六十《むそぢ(ジ)》・七十《ななそぢ(ジ)》・八十《やそぢ(ジ)》・九十《ここのそぢ(ジ)》」の年齢の読みも覚えておきましょう。

年賀の当日は、いろいろな人から贈り物をもらいます。また、その時代の一流歌人に**祝賀の和歌**を詠《よ》んでもらいました。祝賀の歌は「いついつまでも長生きしてください」という長寿を祈る内容と決まっています。だから、**幾千年も栄《さか》えあれ**という意味で、「**千代《ちよ》**」「**八千代《やちよ》**」「**葦《あし》田鶴《たづ(ズ)》の齢《よはひ(ワイ)》**」などの常套《じょうとう》文句が使われます。今も「鶴は千年」というように、長寿の象徴とされていますね。また、不老不死の仙人が住むという中国の伝説の霊《れい》山《ざん》「蓬莱山《ほうらいさん》」も縁起《えんぎ》がよいので、和歌中によく用いられます。さらに、院（もと天皇）・天皇など治世者《ちせいしゃ》の年賀の場合は、その方《かた》の治める時代が続くようにとの祈りを込めて、「**君が（御《み》）代《よ》**」という言葉も和歌のなかによく入れられます。

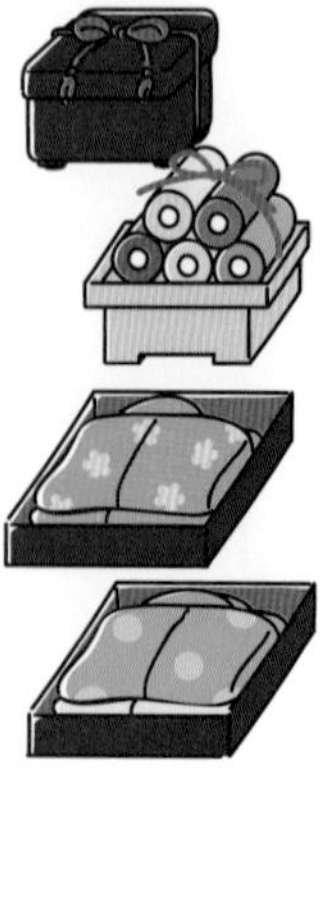

平安貴族の一生
ばぶ
母に見守られ
乳母に見守られ
様々な知識を
身につけながら
すこやかに成長
乳母子
てふてふ
三歳から七歳
袴着の儀式
★今の七五三
BOY
十二歳で元服
髪結い
★今の成人式
大人の仲間入り
早いっ
「五位」の位をもらい
宮中に働きに出ます
どきどき初出勤
ふぁいとだ12歳
ぴよ…
あっという間に四十歳
十年ごとの
長寿のお祝い
エヘ
40

中陰《ちゅういん》 ＝ 人の死後四十九日間

人が死んだ場合はお葬式をし、**四十九日**《しじゅうくにち》の間《あいだ》、法事をします。お葬式は「弔ひ《とぶら(イ)》」といいますが、不幸については明確な表現を避けたがる平安文学では「**煙**《けぶり》」「野辺《のべ》送り」という表現で火葬・土葬を意味しました。ついでに、都にあった有名な**火葬場**は「**鳥辺山**《とりべやま》・**鳥辺野**《の》」、**共同墓地**は「**化野**《あだしの》」です。文中に出てきたら、**葬儀に関する場所**だとわかってください。

また、「死ぬ」という表現も避けて、「**失す**《う》」「**はかなくなる**」「**いたづらになる**」「隠る」「みまかる」などといいます。比喩《ひゆ》表現には「露と消ゆ」「(海の)藻屑《もくづ(ズ)》となる」もあります。

入試問題1
ℓ.2「失せ」

入試問題4
ℓ.2、5、6、10、12、13、14「失せ」
ℓ.15「かくれ」

仏教では、故人の魂は四十九日間さまよい、そのあと極楽《ごくらく》か地獄へ落ち着くものと考えられています。亡き人の**極楽往生**《おうじょう》を祈って、読経《どきょう》など法事をしました。この四十九日間を「中陰」または「中有《ちゅうう》」といいます。「中有」は必ず〔注〕が出ますが、「中陰」は暗記してください。四十九日を古文では「**七七日**」と書き、読みを問われることがあります。「**なななぬか**」と読みます。「七《なな》×七日《なぬか》＝七七日《なななぬか》（四十九日）」という発想です。

35 忌日《きにち》・忌月《きづき》・年忌《ねんき》 ＝ さまざまな法事

　故人が死亡した日に当たる日は、故人を偲《しの》んで**法事**をします。たとえば二月十日に亡くなった場合は、三月十日・四月十日…などと毎月十日に法事をするのです。これを「**忌日**」といいます。高位の人の法事には多くの僧を呼びます。僧たちの首席を「**導師**《だ(ド)うし》」といいます。また、教典の講義をして説教をする僧を「**講師**《か(コ)うじ》」といいます。

　死亡した月に当たる月を「忌月」といいます。先ほどの例でいうと、二月が忌月になります。

「年忌」は毎年の命日《めいにち》（故人が死亡した月日）に行う法事のことです。先ほどの例でいうと、毎年の二月十日が年忌となります。この風習は今も続いていて、一周忌《き》・二周忌…などといっていますね。昔は、一年忌・二年忌…といいました。平安時代は十三年忌まで行います。また、**死後一年目**に当たる「一年忌」を「**はて**」といいます。喪《も》に服《ふく》す期間が果てる（終わる）からです。また「一年忌の法事」を「**はてのわざ**」といいます。

「忌日・忌月・年忌」のなかでは、「忌日」と「はて」が入試にいちばんよく出ます。

36 喪《も》・服《ぶく》・服《ぶく》喪《も》＝人の死を悼《いた》み、哀《かな》しみに引きこもること

近親者の死後、**哀悼**《あいとう》の意を表し、派手な行動を慎《つつし》むことを「喪」「服」「服喪」といいます。肉食や酒を絶って**読経**《どきょう》などに勤めます。また部屋の調度品も**地味な色**にし、青鈍色《あおにびいろ》（濃い藍《あい》色）の簾《すだれ》・同色の縁《ふち》の畳《たたみ》に変えます。服装も**黒っぽい**着物にしました。上智大は「御衣の色変はりぬ」の意味を問いました。喪服を着たのですね。今も近親者の死後、一定の期間は同じようなことをし、これを「喪に服す」といいますよね。

「服喪」の期間はどれくらいかというと、**一年忌が終わるまで**となります。一年忌の服喪が終わることを「**はて**」というのでしたね。あるいは、喪服を脱ぐところから、「服ぬぐ」「除服《じょぶく》」ともいいます。ほかには「喪が明く」という表現もあります。このとき喪服を脱ぎ、河原などに行って身を浄《きよ》め、人の死によって受けた**穢**《けが》**れや禍**《わざわい》**を祓**《はら》**い**ます。現在では、塩を体にふりかけることですませていますが、考え方は同じです。

肉食や酒を絶って仏教のことに没頭することを「**精進**《しゃ(ヨ)うじん》」といいます。

今、豆腐や野菜など、殺生《せっしょう》しない（材料に動物を使わない）料理を精進料理というのはここからきています。

第2章

華やかな世界も、じつはキビシイ…
へぇ〜とおどろくことがいっぱいっ!!

天皇家の人々と宮中の建物

現代っ子にピンとこないのが、宮中の生活です。天皇家の人々のさまざまな呼び名や、彼らの住んだ建物の名前、宮中特有の用語などを学びましょう。この章の知識は入試において最も重要です。

凄《すさ》まじいバトルにびっくり！　天皇家の勢力争い

天皇には多くの妻がいました。妻は一般的に貴族の娘です。貴族のなかにもランキングがあります。父親がどのランクの貴族であるかによって、妻のランキングも決まります。お父さんがエライと、その娘もエライというわけです。また、逆に、娘が天皇にかわいがられたり、男の子を出産したりすると、お父さんも大切にされて、より出世します。だから、当時の結婚には、妻とその一族の幸福がかかっていました。

妻がたくさんいるのだから、子どももたくさんいます。男の子は、そのうちのひとりが皇太子として選ばれます。なかには高い役職をもらって宮中《きゅうちゅう》で仕事をする男子もいます。女の子は、おとなになると身分の高い人と結婚しますから、原則として仕事はしません。

これら天皇家の人々について、くわしく説明しましょう。ひとりひとりの呼び名は今とは違うものが多いので、だれが何と呼ばれたかを暗記することが第一です。暗記を助ける解説もつけました。解説を理解すると、用語と用語が立体的に結びつき、文章を読む際の応用力にもなります。

37 帝《みかど》・御門《みかど》・内《うち》・内裏《だいり》《うち》＝天皇

天皇を意味する言葉は、これ以外にもたくさんありますが、特によく出るものだけを見出しにあげました。「帝」は日本国の帝王ということですから理解できますね。「御門」は、宮中《きゅうちゅう》のぐるりが門で囲まれていて、天皇がそのなかに住んでいらっしゃるからです。「内・内裏」は、もとは「宮中」を意味する言葉で、その君主である天皇のことも意味するようになりました。これ以外にも「**君**《きみ》**・上**《うへ(エ)》**・御前**《ごぜん》《おまへ(エ)》」といういい方もありますが、これらは天皇以外の位の高い人々にも使います。場面や文脈で判断してください。

難関大学志望者は、「**当代**《た(ト)うだい》**・今上**《きんじゃ(ヨ)う》」も覚えてください。文字どおり「今」の「時代に当たる」天皇のことで、「**現在の天皇**」の意味です。それから、『枕草子《まくらのそうし》』によく出てくる呼び名に「上の御前」もあります。最頻出の出典だから、覚えておくと便利です。

入試問題2 ℓ.5「帝」
入試問題4 ℓ.1「帝」
入試問題1 ℓ.3「御門」
入試問題7 ℓ.1「御前」

天皇は、**神が人間の姿で現れたもの**（**現人神**《あらひとがみ》）と考えていました。その証《しるし》として**三種**《さんしゅ》**の神器**《じんぎ》を持っていました。「神だけが持つ三種類の宝の器具」のことで、具体的には「**鏡・玉・剣**《つるぎ》」です。天皇が位を譲るときは、この三種の神器も譲ります。

◆「内裏」は漢文体・和漢混交文・現代文では「だいり」と読みますが、和文体の多い平安文学では多くは「うち」と読みます。

38 中宮《ちゅうぐう》・宮《みや》・后宮《きさいのみや》・后《きさき》《きさい》・皇后《くわうごう》《コウ》 ＝ 天皇の正妻

天皇には多くの妻がいましたが、古文では「中宮」が第一位の妻だと考えてください。妻たちのなかで**最も位の高い父親を持った女性**が中宮となります。ふつうはひとりの天皇に対してひとりの中宮が選ばれますが、まれにふたりの中宮が立つこともありました。ふたりの父親が同等のランクで甲乙つけがたい場合に起こります（251ページ⑦⑧⑪参照）。ふたりの中宮が並び立つと呼び名が紛らわしいので、一方を「**皇后**」と呼び換えます。

ところで、結婚していきなり中宮の座につくわけではありません。当時の結婚はとても早くて、たいていは天皇がまだ皇太子のうちに結婚します。夫が**皇太子から天皇になる**と、**第一位の妻も**中宮**となる**のです（53ページ参照）。これを「立后《りっこう》」といいます。正式に「后として立つ」ことです。現古融合文には出る可能性があります。

見出しのなかの「宮」は、中宮以外の天皇家の人々にも使われます（61ページ参照）が、圧倒的に「中宮」の場合が多いので文脈に矛盾のない限りは中宮と思ってください。「**后**」や「**后宮**」は「皇后・中宮」をつづめた言葉なので理解できますね。また、難関大学志望者は、「**宮の御前**《ごぜん》《おまへ(エ)》」という表現も覚えましょう。『枕草子《まくらのそうし》』に頻繁に見られます。

入試問題2
ℓ.1「后」

39 女御《にょうご》・更衣《かう・コウ》《い》・尚侍《ないしのかみ》・御匣殿《みくしげどの》 ＝ 天皇の妻・皇太子の妻

ここに列挙した女性は、すべて**天皇の妻**です。**身分の高い順**から「**女御**—**更衣**—尚侍—御匣殿」と呼ばれます。妻の身分は実家の父親の身分に従います。たとえば大臣以上の娘なら「女御」などと決まっているのです。つまり、これらの呼び名は**「天皇の妻」という役割**と**「父親が何者か」の身分**を示す記号なのです。だから、女御と呼ばれる妻は複数いるし、更衣も複数います。結婚後に、ランクが変わることもあります。実家の父親が**出世**した場合です。あるいは、**子どもをたくさん産む**ことでも評価が上がります。

見出しに「皇太子の妻」とも書いていますね。疑問に思うかもしれませんが、理屈は簡単です。

入試問題4　ℓ.4、11「女御」
入試問題9　ℓ.1「女御」

たいていは皇太子のうちに結婚しますので、天皇になっても妻の呼び名は同じなのです。皇太子の妻としては「女御」が最高のランクですが、天皇となった時点で、**女御たちのなかから「中宮《ちゅうぐう》」をひとり**（まれに、ふたり）**選ぶ**ことになります。

入試問題2
ℓ.1「女御」

「中宮」候補の女御たちのイジメ合戦

「中宮」という別格の地位をめざして、彼女たちは互いに競い合います。より**多くの子どもを産む**ためには、天皇により回数多く愛されなければなりません。彼女たちは宮中《きゅうちゅう》にそれぞれの部屋（68・69ページ参照）を持っていて、天皇と愛し合うときは、廊下を通って天皇の部屋に呼ばれていくのですが、自分以外の妻が呼ばれて愛されるのを、通り路《みち》で妨害することもあります。ライバルをひとりでも減らすためです。特に、中宮《ちゅうぐう》候補である**女御**《にょうご》たちは、下の身分の妻たちが子宝《こだから》に恵まれて女御の地位にランクアップすることを嫌い、邪魔《じゃま》したりイジメたりしました（70ページ参照）。女の嫉妬《しっと》はコワイですね。

ただ、彼女たちは、単なるヤキモチでイライラしているのではありません。彼女たちの細い肩の上には、**実家の一族の繁栄**がかかっているのです。もしも**中宮**になり、うまく**皇太子**となる男子を産めたら、一族の栄華は揺るぎのないものになるからです（57ページ参照）。

難関大学の古文や現古融合文には「御息所《みやす(ん)どころ》」「後宮《こうきゅう》」も必要

「女御・更衣《か(コ)うい》・尚侍《ないしのかみ》・御匣殿《みくしげどの》」をまとめて「**御息所**」と呼びます。男（天皇）にとっては、正妻（中宮）のところは堅苦しく、**第二夫人以下**のほうが「ホッと息がつける場所」だったのかもしれませんね。また、これらの妻に「中宮」を加えた**すべての妻**を、「**後宮**」といいます。宮中の後ろのほう（北側）にそれぞれの部屋があったからです（69ページ参照）。難関大学志望者は「御息所」「後宮」も覚えてください。

宮中の女たち

内侍・女房・女官・下仕・童・乳母については、109〜118ページで説明します。

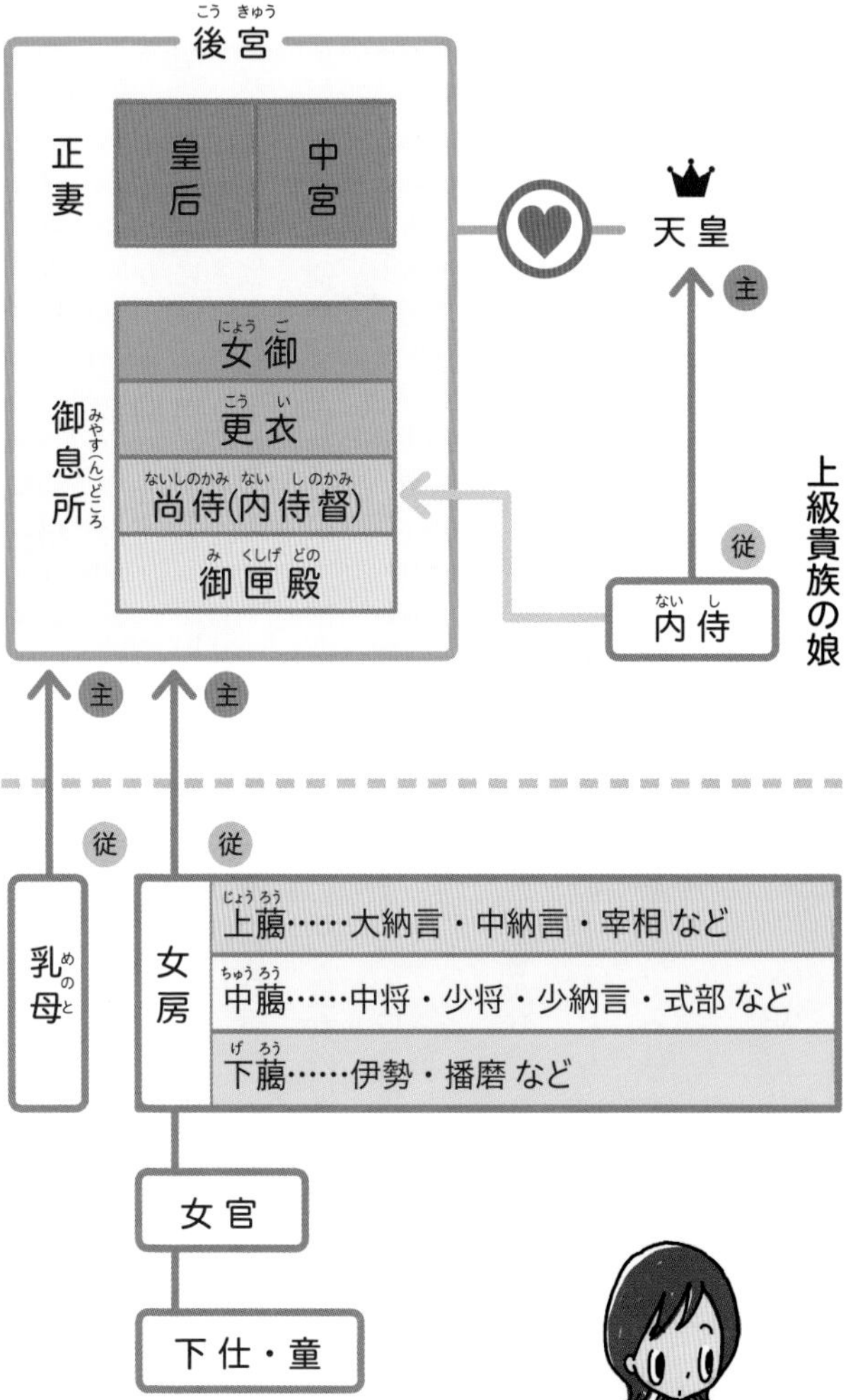

40

親《しん》王《わう・ノウ》《みこ》 ＝ 皇子《おうじ》の位

内《ない》親《しん》王《わう・ノウ》 ＝ 皇女《おうじょ》の位

多くの妻を持つ天皇には多くの子どもたちがいます。**皇族の一員**として認める息子（皇子）には天皇から「**親王**」の位が与えられます。「親王」は「みこ」とも読みます。たくさんの親王のなかから、ひとりを選んで**皇太子**にします。

ついでにいうと、天皇の息子であっても、母親の身分によっては、皇太子にもなれず親王の位ももらえない男の子もいます。彼らは成人すると、「**ただ人《うど》**」すなわち**天皇の家臣《かしん》**として宮中《きゅうちゅう》で働きます。これを「**臣籍《しんせき》に下《くだ》す**」といいます。ところで、天皇家には苗字《みょうじ》というものがありません。臣籍に下った天皇の息子たちは、働くときに姓がないと不便なので、天皇から「**源《みなもと》**」の姓をもらいました。これを「**賜姓源氏《しせいげんじ》**」といいます。現古融合文にも必要な知識です。

入試問題4
ℓ.6、13
「親王」

天皇の娘で**皇女**の位をもらった人を「**内親王**」といいます。ふつうは高貴な男性と結婚し、働きません。ただ、斎宮《いつきのみや》・斎院《さいいん》として、数年間神社にお仕《つか》えする人もいました（58ページ参照）。

天皇の子どもたちも、幼少のうちはたいてい母《はは》方《かた》の実家で育てられます。

入試問題4
ℓ.10
「内親王」

41 東宮《とうぐう》・春宮《とうぐう》＝皇太子

＊「太子《たいし》」ともいう

次の天皇になることが決められている方《かた》をいいます。天皇と血のつながりのある男性（弟・息子・孫など）のだれかが、皇太子となります。

多くの場合は、息子が皇太子になります。たくさんいる天皇の親王《しんのう》（皇子《おうじ》）たちのなかからひとりを選びますが、必ずしも長男とは限りません。皇太子となるべき人の**産みの母のランク**や、その**一族の勢力**などが決め手となります（54ページ参照）。

入試問題4 ℓ.1「東宮」

「東宮」「春宮」とも「**とうぐう**」と読みます。この読みは入試問題によく出ます。「東南西北」を「春夏秋冬」に当てると、「東＝春」だから「東宮＝春宮」なのです。

42

斎宮《いつきのみや》《さいぐう》・斎《さい》院《ゐん》《イン》＝神に仕《つか》える未婚の内親王《ないしんのう》

天皇家に深い関わりのある神社に、**伊勢《いせ》神宮**と**賀茂《かも》神社**があります。それぞれの神社には、天皇に代わって神を祀《まつ》り、さまざまな**神事をとりしきる女性**がいます。その女性を、伊勢神宮のほうは「**斎宮**」、賀茂神社のほうは「**斎院**」と呼びます。一生この任務を続けるわけではなく、原則として、天皇が即位するたびに、新しく選びなおされました。

入試問題4
ℓ.11「斎宮」

斎宮・斎院は、**神の妻**であると考えられていました。尊い神に見合う女性は、天皇の娘以外にはありえないし、まして人間の男性と関係した女性などもってのほかです。だから、「**天皇の娘**（**内親王**）」であり「**未婚**」であるという二つの条件を同時に満たす人でなければなりません。また、彼女たちは、斎宮・斎院でいる限り**結婚しません**。ちょうどカトリックのシスターがキリストの妻として身を捧げ、結婚しないのと同じです。任期が終わって結婚する場合でも、皇族か最上級貴族の男性とでなければ許されませんでした。

昔、天皇は**現人神《あらひとがみ》**（神が人となって現れた姿）だと考えていました。「神＝天皇」だから、神の妻である「**斎宮・斎院**」は、天皇の妻である「**中宮《ちゅうぐう》**」と**同格の扱い**を受けます。

◆「斎宮」はひらがな表記で出ることもあるので「いつきのみや」は覚えてください。「斎院」はふつう漢字表記です。

43 院《ゐん》《イン》・太《だい》上《じやう》《ジョウ》天《てん》皇《わう》《ノウ》・上《じやう》《ジョウ》皇《くわう》《コウ》・法《ほふ》《ホウ》皇《わう》《オウ》＝もと天皇

天皇が引退して皇太子に皇位を譲ると、「**院**」と呼ばれます。昔は生きているうちに位を譲ることが多かったので、「もと天皇」の呼称が必要だったのです。引退しても隠居《いんきょ》するわけではなく、**政治のことに口出し**します。ちょうど大企業の社長が引退して会長となり、会社を動かしているのと同じです。特に平安後期は**院の発言力が強く**、平安中期の摂政《せっしょう》・関白《かんぱく》（89ページ参照）に取って替わって、政治を動かしました。

見出しにあげた「太上天皇・上皇」は、その字に「天皇よりも上」の意味が表れていますね。また、院は、たいていの場合は**出家**《しゅっけ》しました。見出しの「法皇」は「仏法に入った天皇」の意味で、これもまた院であることを字が示しています。ただし、出家したとはいっても仏道に専念するわけではありませんので、文章を読むときは仏教性を考える必要はありません。とにかく、これらの呼び名が「**もと天皇**」であることさえ暗記していれば十分です。

入試問題1　ℓ.2「宇多の院」
入試問題4　ℓ.4「冷泉院」「花山院」、ℓ.11「円融院」

生きているうちにつぎつぎと天皇が引退して、院がふたりになった場合は、区別するために古い順から「**本院－新院**」、三人の場合は「**本院－中院－新院**」と呼びます。

44 女《にょう》院《ゐん》《イン》・～門《もん》院《ゐん》《イン》・大《おほ》《オオ》后宮《きさいのみや》・大《おほ》《オオ》宮《みや》＝皇《こう》太《たい》后《ごう》

＊院の妻・天皇の母

天皇が「院」になると、妻である皇后《こうごう》・中宮《ちゅうぐう》も「**女院**」と呼ばれるようになります。いわゆる「**皇太后**《こうたいごう》」のことです。院の妻であると同時に、新天皇の母上でもありますので、皇后よりも偉大な存在となります。

女院は「**～門院**」という名で呼ばれることもあります。どの女院か区別するために、「上東《じゃ(ヨ)うとう》門院」「建礼《けんれい》門院」「藻壁《さ(ソ)うへき》門院」などと宮中《きゅうちゅう》の門の名前をつけて呼び分けました。すべて女院のことだとわかってください。文章中は「～門院」の表現のほうがよく出てきます。また、「中宮より偉大だ」という意味で、「大后宮・大宮」ともいいます。

入試問題4 ℓ.4「皇太后」

入試問題3 問題文前書き「建礼門院」
入試問題8 ℓ.1「上西門院」

女院も院と同じく、**政治に口出し**します。息子である新天皇に泣きついて、**人事に影響を与える**こともありました（252ページ⑬参照）。

45 宮《みや》 ＝ 天皇家の人々

天皇家の人々（皇族）は、すべて「宮」と呼ばれます。「中宮《ちゅうぐう》・后宮《きさいのみや》」「東宮《とうぐう》・春宮《とうぐう》」というふうに、皇后《こうごう》・皇太子に「宮」という字がつくのはそういうことです。

皇太子以外の親王《しんのう》・内親王《ないしんのう》（皇族と認められた天皇の息子・娘）も、同じように「宮」と呼ばれます。今でも秋篠宮《あきしののみや》とお呼びしますね。名前につけるだけでなく、兄弟姉妹の順に「**一の宮・二の宮・三の宮…**」などともいいます。また、幼いうちは親王（男の子）を「**若宮**」、内親王（女の子）を「**姫宮**」ともいいます。また、子どもたちが天皇を「父宮」、中宮を「母宮」と呼ぶ場合もあります。

入試問題4 ℓ.10「一の宮」「二の宮」

入試問題4 ℓ.6「弾正の宮」

また、伊勢《いせ》神宮の「斎宮《いつきのみや》」も、天皇の娘ですから「宮」とついています。

とにかく「〜宮」とつく限り、すべて**皇族**であるとわかってください。

ただし、単に「宮」とだけ出てくるときは、99パーセント「**中宮**」を意味します（52ページ参照）。特に**まわりに女房《にょうぼう》たちがいる場合**は、「中宮」です（110・111ページ参照）。文脈上「中宮」ではおかしいと判断されるときだけ、ほかの皇族の可能性を考えてください。

2 宮中の建物

建物の名前で住んでいる人がわかる！

天皇とそのご家族の生活なさる場を〝内裏《だいり》〟といいます。今でいう皇居のことです。内裏のなかに、天皇の住まわれる建物・天皇の妻たちが住まわれる建物・儀式を行う建物などいろいろな建物があり、それぞれに名前がついていました。一般に「宮中《きゅうちゅう》」というのは、この〝内裏〟のことを意味します。

内裏のまわりには、いろいろなお役所がありました。今でいう諸官庁のことです。内裏と諸官庁を合わせた全部の敷地を〝大《だい》内裏〟といいます。

大内裏の各役所は〔注〕がつくので覚える必要はありませんが、内裏のなかのさまざまな建物については、受験生も知っていて当たり前ということになっています。建物の名前が人物の呼び名として用いられることもありますので、だれが住んでいるかを暗記しましょう。

辞書や国語便覧《びんらん》などの資料集にはすべて細かく書いてありますが、本書では、入試に必要な項目に限って説明します。特に、天皇の多くの妻たちが住まいした建物の名前は、文章を読むうえでとても重要です。

46 内《うち》・内裏《だいり》《うち》・九重《ここのへ》《エ》・雲《くも》の上《うへ》《ウエ》

＝内裏《だいり》・宮中《きゅうちゅう》

大内裏《だい》のなかの天皇とそのご家族の住まいを、まとめて**内裏**もしくは**宮中**といいます。

「内裏」は「だいり」とも読みますが、和文体の多くは「**うち**」と読みます。「内」も同じく「うち」と読み、宮中を意味します。「内・内裏」は、「宮中」を意味すると同時に、「天皇」ご自身を表す言葉でもあります（51ページ参照）。雛《ひな》祭りの男女一対《いっつい》の雛人形は天皇・皇后《こうごう》（中宮《ちゅうぐう》）なのですが、男雛を「お内裏様」といいますね。文中の「内・内裏」が、**宮中**なのか、**天皇**なのかは、文脈で判断してください。

「九重」は「**ここのへ**」の読みもきかれます。この言葉は中国から来ていて、中国の皇帝の城が九重の塀《へい》で守り固められていたところから、君主の居所《きょしょ》として日本の内裏に当てはめられました。漢文・漢詩・和文・和歌のどの文体にも使われますので、しっかり暗記しておきましょう。「雲の上」は**和歌**によく見られる表現です。天皇を太陽に見立て、その居所である宮中を天に見立てて「雲の上」と呼んだのです。「雲居《くもゐ》」も同じです。

現古融合文には「禁中《きんちゅう》・禁裏《きんり》」も出ます。「一般の出入り禁止」の場所だからですね。

入試問題4
ℓ.11「内裏」

入試問題3
ℓ.1「九重」

内裏の図

緑字は入試に頻出。

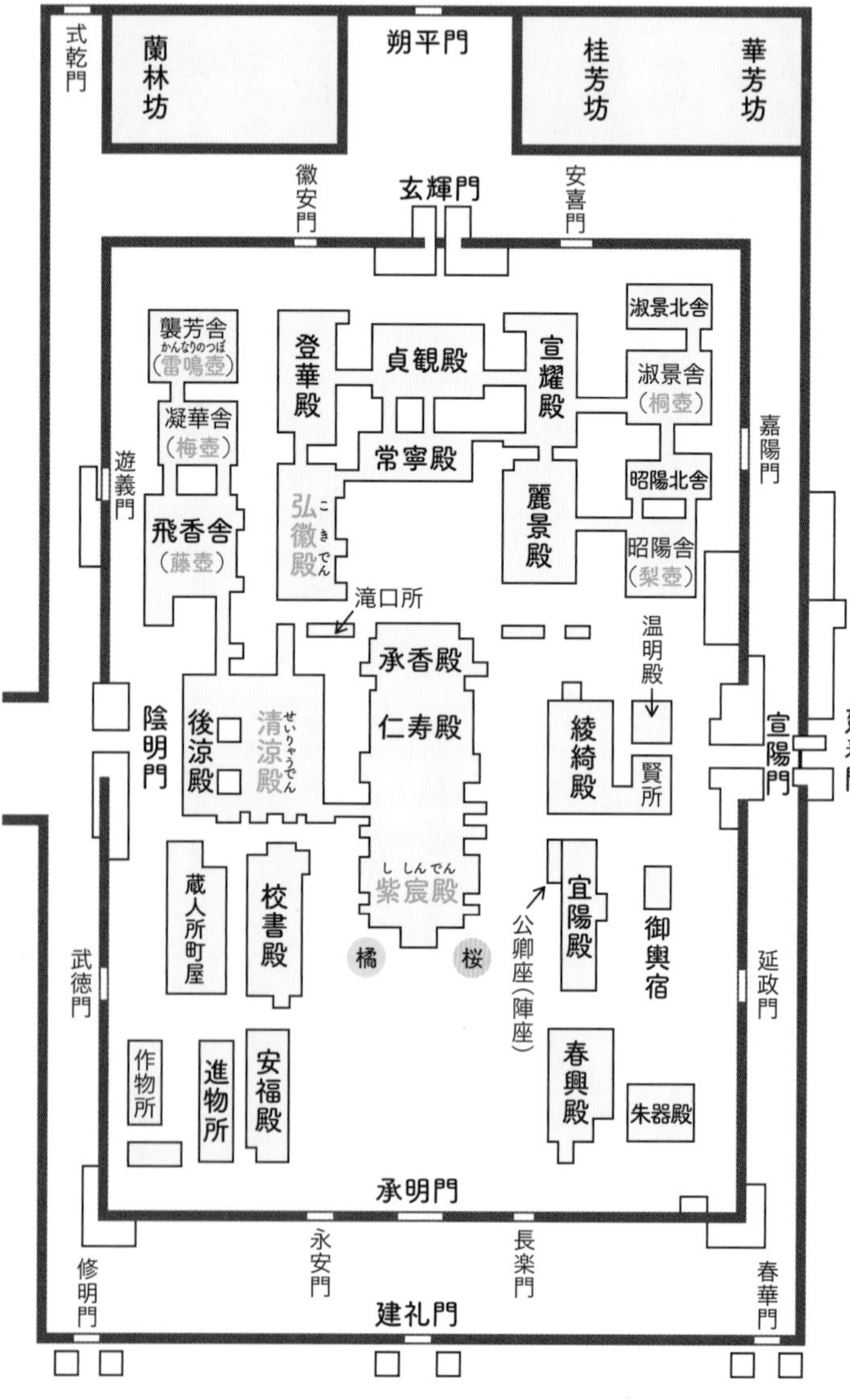

47 紫《し》宸《しん》殿《でん》 ＝ 公的な行事の場

内裏《だいり》の中心となる正式の御殿《ごてん》（正殿《せいでん》）です。天皇の即位などの**重要な儀式**を行う場所でした。南向きに建っているので「**南殿《な(ん)でん》**」ともいいます。紫宸殿のさらに南側は庭になっていて、その庭で行事が行われることもありました。

◆「南殿」は、紫宸殿の場合は「なでん」「なんでん」の二つの読みがあります。

48

清《せい》涼《りやう》《リョウ》殿《でん》 ＝ 天皇の私生活の場

清涼殿は、入試古文の文章中によく出てきます。天皇が**私生活**をお送りになる建物です。

清涼殿のなかは、さらにいくつかの部屋に分かれています。入試に必要な部屋は「**昼《ひ》の御座《おまし》**」「**夜の御殿《おとど》**」「**殿上《てんじゃ(ヨ)う》の間《ま》**」の三つです。「昼の御座」は、文字どおり昼間の生活をなさる部屋で、日常の政務もここでなさいます。「夜の御殿」は寝室で、多くの妻たちはこの部屋に呼ばれて愛し合いました。そのために、清涼殿は、多くの妻たちのそれぞれの部屋と渡り廊下（渡殿《わたどの》）で結ばれています（64・68・69ページ参照）。

「殿上の間」は、**宮中《きゅうちゅう》で働く位の高い貴族が天皇のお言葉を聞くために集まる部屋**でした。この部屋に入ることを「昇殿《しょうでん》」といい、昇殿の許された人々を「**殿上人《びと》**」といいます（96ページ参照）。

このほか、清涼殿の西側には「朝餉《あさがれひ(イ)》の間《ま》」「台《だい》盤所《ばんどころ》」という部屋もあります。「朝餉」は字のとおり「朝食」などの簡単な食事のこと。「台盤所」は「盤」を取ると「台所」とわかりますね。女官《にょうかん》たちがここで天皇の食事のお世話をしたのです。

清涼殿の図

緑字は入試に頻出。

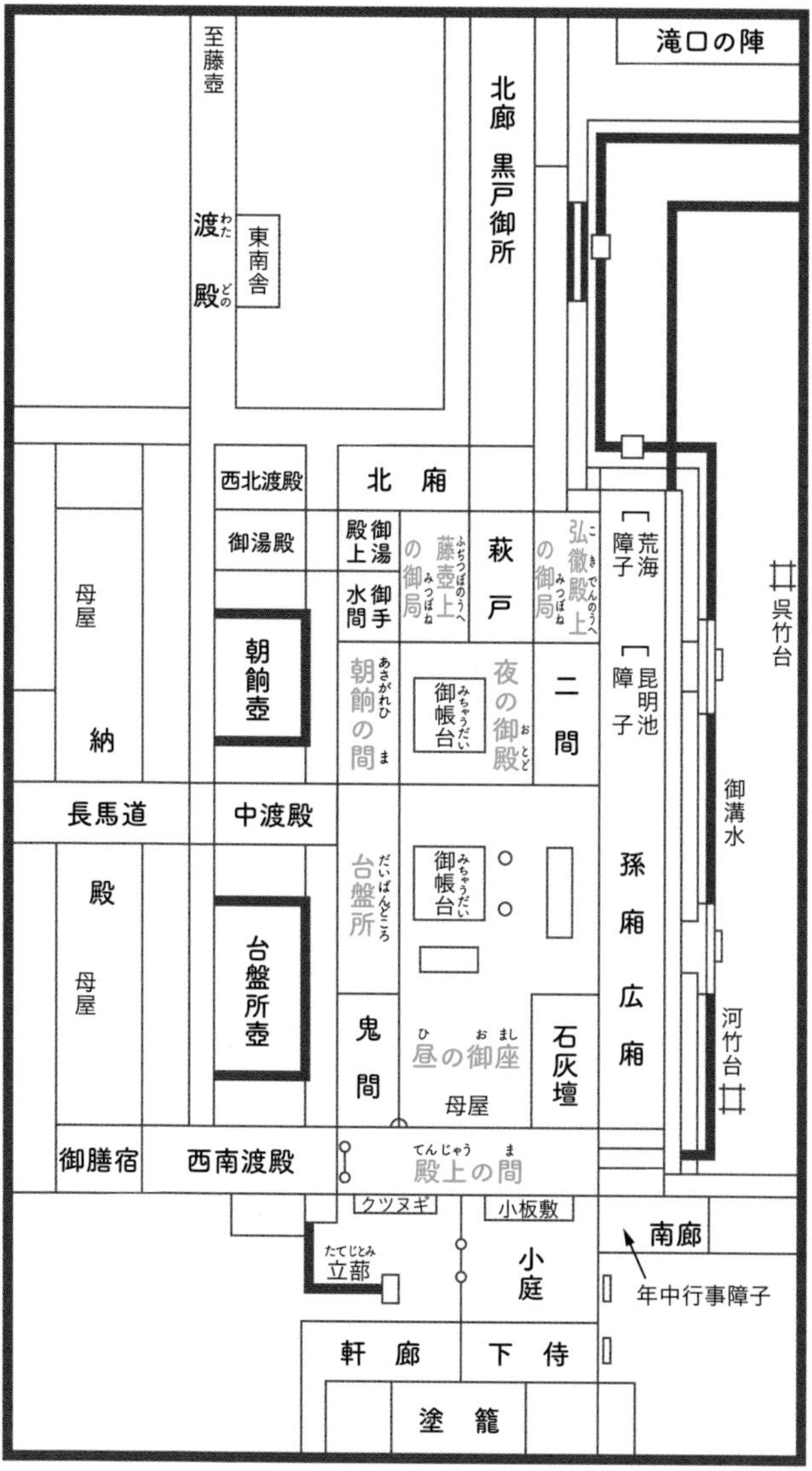

49 弘徽殿《こきでん》＝有力な中宮《ちゅうぐう》候補の女御《にょうご》の住まい

内裏《だいり》の北側の中央に「常寧殿《じゃ(ヨ)うねいでん》・承香殿《しょうきゃ(ヨ)うでん》・貞観殿《ちゃ(ジョ)うぐわ(ガ)んでん》・弘徽殿《こきでん》・登華殿《とうくわ(カ)でん》・麗景殿《れいけいでん》・宣耀殿《せんえ(ヨ)うでん》」という七殿《しちでん》がありました。**天皇の多くの妻たち**がそれぞれに建物を与えられて住まいしていました。だから、これらの七殿は建物の名前であると同時に、そこに住む妻そのものを呼ぶ名前でもありました。

このなかで入試において重要なのは「**弘徽殿**」です。多くの妻のなかの最も有力な女性が住んでいたことを覚えておいてください。まだ皇太子のうちに結婚することが多く、天皇に即位するときに、幾人かの女御のなかからひとりの中宮が選ばれるのですが、ここには**中宮の最有力候補の女御**が住まいします。「弘徽殿女御《こきでんのにょうご》」などと文章中に出てきたら、天皇の第一夫人に当たる人だと判断してください。64ページの内裏図を見ると、**弘徽殿は天皇のいる清涼殿《せいりょうでん》にいちばん近い**ですね。それだけ愛されるチャンスが多いということです。また、ほかの妻たちのだれが天皇に呼ばれて清涼殿へ行くか、夜ごと弘徽殿（第一夫人）にはチェックできるようになっていたということです。

入試問題2
ℓ.1「弘徽殿」

同じく、有力な妻の入る部屋に「藤壺《ふぢつぼ》」があります。次項でくわしく説明します。

50 藤《ふぢ（フジ）》壺《つぼ》 ＝ 有力な中宮《ちゅうぐう》候補の女御《にょうご》の住まい

先ほど述べた七殿《しちでん》の東と西に「〜舎」と呼ばれる五つの建物があります。「昭陽舎《せ(シヨ)うや(ヨ)うしゃ》・淑景舎《しげいしゃ》・飛香舎《ひぎや(ヨ)うしゃ》・凝華舎《ぎようくわ(カ)しゃ》・襲芳舎《しは(ホ)うしゃ》」の五舎《ごしゃ》です。これらの建物にも、女御・更衣《こうい》などの**天皇の妻たち**が住まいしました。「淑景舎《しげいしゃの》女御」などと呼んだのです。

これらの五舎は、それぞれ別名「**梨壺**《なしつぼ》・**桐壺**《きりつぼ》・**藤壺**・**梅壺**《うめつぼ》・**雷鳴壺**《かんなりのつぼ》」ともいいます。五舎のそれぞれのお庭（壺）に植えられた植物名で呼んだのです。「雷鳴壺」は、この庭の木に落雷があったので、そう呼ばれました。古文では「〜壺」のほうがよく出ます。やはり、建物としても人物の呼び名としても使われます。どの「〜舎」とどの「〜壺」が一致するかは覚える必要はありません。「梅壺《うめつぼの》女御」などと文章中に出てきたら、**天皇の妻のひとり**とわかれば十分です。

これら「〜壺」のなかで重要なのは「**藤壺**」です。「弘徽殿《こきでん》」と同様、**中宮の最有力候補の女御**が住んだからです。言い換えると、「弘徽殿」の父親と「藤壺」の父親は同レベルの最上級貴族だということですね。64ページの内裏《だいり》図を見ると、**藤壺も天皇のいる清涼殿**《せいりょうでん》**に近い**位置にありますね。

前項の七殿とこの五舎を合わせて「**後宮**《こうきゅう》」といいます。清涼殿の北側、宮中の後方に殿舎《でんしゃ》があるからです。「後宮」は、それらの**殿舎**を指す

入試問題2 ℓ.1「藤壺」
入試問題3 ℓ.2「藤壺」

と同時に、天皇の妻たちをも意味します（54ページ参照）。また、このうちのひとつに皇太子が入ることもあります。

妻のランクと部屋割りを知ると文章がおもしろい

『源氏物語《げんじ》』の最初の巻《まき》〈桐壺《きりつぼ》の巻〉には、桐壺《きりつぼの》帝《みかど》（天皇）の妻である「弘徽殿《こきでん》女御《のにょうご》」が、もうひとりの妻である「桐壺更衣《きりつぼのか(コ)うい》」をいじめる話があります。「**女御―更衣**」**という身分差**からいっても、「**弘徽殿―桐壺**」**という部屋割りのランク差**からいっても、弘徽殿女御は**自分より格下**の桐壺更衣が天皇に溺愛《できあい》されるのが許せないわけです。

桐壺更衣が天皇に夜召《め》されて清涼殿へ行こうとすると、弘徽殿サイドの女房《にょうぼう》たちが渡り廊下（渡《わた》殿《どの》）で待ち伏せしていやがらせをし、追い返してしまいます。身分社会なので、上位が下位に対して行うイジメは黙認されます。

桐壺更衣は心労のため病気になって亡くなり、桐壺帝は、のちに桐壺更衣にソックリな「藤壺《ふじつぼの》女御《にょうご》」を妻として迎えます。が、さすがの「弘徽殿女御」も「藤壺女御」を公然といじめることはできません。「**女御**」**という身分**も「**弘徽殿―藤壺**」**という部屋割り**も**同格**だからです。『源氏物語』はフィクションですが、実際の宮中《きゅうちゅう》にもこのようなことがありました。もしも同格のイジメが発覚した場合は、**天皇のお叱《しか》り**を受けます。

入試問題2
全文

参考

51

梨《なし》壺《つぼ》の五人 ＝『後撰《ごせん》和歌集』の撰者《せんじゃ》清原元輔《きよはらのもとすけ》ほか五人

七殿五舎《しちでんごしゃ》は、天皇の妻たちの住まいですが、そのなかの部屋を行事や会合に開放することもありました。**文化・文学のサロン**でもあったのです。文学史上有名なのは、平安時代に「梨壺」の部屋で**『後撰和歌集』**の審査会が行われたことです。

平安から鎌倉初期にかけて、**天皇や院の命令**による和歌の選定・編纂《へんさん》が行われ、八つの**勅撰《ちょくせん》和歌集**が生まれました。『後撰和歌集』は、その**第二番目**の勅撰和歌集です（269ページ参照）。

『後撰和歌集』の撰者が入試でよく問われますが、梨壺に五人の撰者が集まったので**「梨壺の五人」**といいます。また、五人のなかで特に姓名を問われるのは**「清原元輔」**です。**「清少納言《せいしょうなごん》の父」**であることも覚えましょう（250ページ④参照）。ついでにいうと、清少納言の「清」の字は「清原氏」であることを示しています。

入試問題9
問3　5「清原元輔の女」

52 局《つぼね》・曹《ゾウ》《ざう》司《し》 ＝ 部屋

宮中《きゅうちゅう》のさまざまな建物のなかは、さらに細かく区切られました。そういう**部屋**を「**局**」「**曹司**」といいます。部屋といっても壁で囲むことはあまりなく、板や衝立《ついたて》などで仕切っただけのものでした。

「曹司」に入る人やその用途はさまざまです。大学寮《だいがくりょう》（宮中の教育機関）の教室として使われることもあるし、宮中で働く役人や女房《にょうぼう》の控え室としても使われました。「**御**《み》曹司」と敬称がつくと、**貴族の息子**たちの部屋だったり、**中宮**《ちゅうぐう》がお使いになる部屋だったりします。つまり、男女・身分に関係なく、いろいろな人たちが使う部屋を「曹司」というのです。

それに対して、「局」を使うのは**女性**に限られています。ふつうは、住み込みで働く**女房たちの控え室**です。控え室に戻ることを「局に下がる」といいます。

「**御**《み》**局**」と敬称がつく場合は**高位の女性の部屋**です。たとえば、天皇の住まいである清涼殿《せいりょうでん》の夜の御殿《おとど》（寝室）の奥には、「弘徽殿上《こきでんのうへ（エ）》の御局」「藤壺上《ふぢつぼのうへ（エ）》の御局」という控え室がありました（67ページ参照）。有力な中宮候補である弘徽殿・藤壺は妻たちのなかでも別格扱いで、天皇と夜をともにするときのためにこうした別室の控えの間《ま》が用意されていたのです。

入試問題5
ℓ.1「五節の局」

入試問題2
ℓ.1「藤壺・弘徽殿の上の御局」

53 中《ちゅう》宮《ぐう》職《しき》・職《しき》＝中宮に関することを扱う役所

天皇や妻たちの生活なさる内裏《だいり》の外側に、多くの役所の立ち並ぶ大《だい》内裏があります。このなかで文章中によく出てくるのは「中宮職」です。ほかにも「〜職」という名の役所はたくさんあるのですが、「中宮職」が最も重要なお役所だったので、単に「職」とだけ出てきた場合も、中宮職を意味することがほとんどです。

中宮職は、その字のとおり**中宮に関する一切《いっさい》を取りしきるお役所**でした。そのため、中宮はよくこの建物に出入りなさいます。その部屋を「**職の御曹司**《みざ(ゾ)うし》」といいます。入試では、「職」とは何か「職の御曹司」とは何か、とはききません。ただ、『枕草子《まくらのそうし》』などの女房《にょうぼう》文学にたびたび出てくるので、念のため説明しておきました。**清少納言**《せいしょうなごん》がお仕《つか》えした**中宮定子**《ていし》は、ときどき職の御曹司に移り住まわれたらしく、「職におはします頃」とある章段が多くあります。ついでにいうと、『枕草子』では、**藤原道長**《ふじわらのみちなが》を「職の大夫殿《だいぶどの》」と呼んでいますが、道長は当時このお役所の長官だったのです（106ページ参照）。

また、余談ですが、春宮《とうぐう》（皇太子）のためには「春宮坊《ば(ボ)う》」というお役所がありました。

54 ～院《ゐん(イン)》・～殿《どの》＝院(上皇《じょうこう》)・女院《にょういん》・貴族の邸宅

＊人物の場合もある

話を大内裏《だいだいり》の外に移します。天皇を引退した院(上皇)や、その妻である女院、宮中《きゅうちゅう》に出勤する貴族たちは、大内裏の近くに住居を設けました。

都は碁盤《ごばん》の目のように通りが整理されているので、多くは邸《やしき》の呼び名に**通りの名前**を用いました。堀川大路《ほりかわおおじ》にあるから「堀川殿」、一条大路にあるから「一条院」などといったのです。ちなみに入試の文章によく登場する邸宅は、**源融《みなもとのとおる》の「河原院《かは(ワ)らのゐ(イ)ん》」、藤原兼家《ふじわらのかねいえ》の「東《とう》三条殿《どの》」、藤原道長《みちなが》の「土《つち》御《み》門《かど》殿《どの》」**などです。

入試問題1
ℓ.1「河原院」

また、**天皇や上皇の別邸や離宮《りきゅう》**(天皇の別荘となる宮殿)も「院」と呼ばれます。宇多《うだ》上皇の「亭《てい》子《じの》院」などです。

設問にあがることはありませんので、神経質にだれのお邸がどんな名前と覚える必要はありませんが、大内裏の外に設けられた**最上流階級の人々のお邸**だとわかってください。気をつけてほしいのは「～院」「～殿」と出てきたときに、それが**人物**なのか、**建物**なのかの判断です。前後の文脈で決めてください。

これらの高貴な方々の邸宅は、「寝殿造り《しんでんづくり》」という独特の建築様式で建てられました(127・129ページ参照)。

オ〜ホッホ！　宮中《きゅうちゅう》言葉でゴザイマス！

宮中は、天皇・中宮《ちゅうぐう》を中心とする皇族の私生活の場であると同時に、政治を行う公《おおやけ》の場でもあります。特殊な世界なので、宮中でだけ使われる特有の用語がたくさんあります。

古文の文章に出るものだけでなく、〔注〕の説明や選択肢の訳や現古融合文に出る訳語も一緒にまとめて列挙しました。現代っ子には耳慣れない言葉なので、現代語訳そのものがわからなくて困ることが多いからです。

55 入内《じゅだい》 ＝ 天皇・皇太子と結婚するために内裏《だいり》に入ること

天皇もしくは皇太子と結婚するために「内裏（宮中《きゅうちゅう》）に入る」ことを「入内」といいます。

56 出仕《しゅっし》 ＝ 宮中《きゅうちゅう》で働くこと

文字どおり、宮中に「仕事に出る」ことです。男性にも女性にも使います。

入試問題3
問題文前書き「出仕」

57 参内《さんだい》 ＝ 宮中《きゅうちゅう》へ行くこと

「参内」は、文字どおり「内裏へ参る」で、「**宮中へ行く**」ことです。古文の文章にはあまり出ませんが、〔注〕や選択肢の訳などに出ます。

58 さぶらふ《ウ》・はべり・伺《し》候《こう》す ＝ 高位の人にお仕《つか》えする

「さぶらふ・はべり」は敬語で、**謙譲語**と**丁寧語**の二種類の用法がありますが、**高位の人のそば**にいる場面で使われたときは、**謙譲語**の用法で「高位の人に**お仕えする**」「高位の人のそばにお控えする」と訳します。高位の人のそばに付《つ》いて、いつでも命令に従えるようスタンバイしている状態です。「さぶらふ」は「候ふ」と書きます。「さう《(ソ)》らふ《(ロウ)》」とも読みます。「はべり」は「侍り」と書きます。

古文では「さぶらふ・はべり」が一般的です。「伺候す」は、古文にはあまり出てきませんが、〔注〕や現古融合文に使われることがあります。

59 ゐ《イ》ざる ＝ ひざをすべらせて移動する

女性は、着物を何枚も重ね着しているうえに、髪が床《ゆか》に届くほど長かったので、立って歩くのは重労働でした。だから、**ひざをにじって移動**します。「**膝行す**《しっか(コ)う》」ともいいます。

60

奏《そう》す ＝ 天皇・院に申し上げる

「奏す」は、「言う」の**謙譲語**です。が、相手が限定されていて、**「天皇・院」に対してしか使わない特殊な敬語**です。「天皇・院に申し上げる」と覚えておいてください。「院」は「もと天皇」です（59ページ参照）。

文章中に天皇や院を意味する語がなくても、「奏す」があれば、**天皇か院が登場人物のなかにいる**と判断しなければなりません。

61 啓《けい》す ＝ 中宮《ちゅうぐう》・皇太子に申し上げる

「啓す」も「言う」の**謙譲語**です。が、これも相手が限定されていて、「**中宮・皇太子」に対してしか使わない**特殊な敬語です。文章中では、圧倒的に「中宮」相手であることが多いので、「中宮に申し上げる」と覚えておいてください。

「啓す」があれば、**中宮が登場人物のなかにいる**とわかってください。

62 行幸《みゆき》・御幸《みゆき》＝天皇・院のお出かけ

「行幸」は「ぎやう(ヨ)がう(ゴ)」とも「みゆき」とも読みます。「御幸」は「ごかう(コ)」とも「みゆき」とも読みます。面倒なので、どちらも「**みゆき**」と覚えておきましょう。読み書きが入試で要求されます。

訳も問われます。**「天皇・院」にしか使わない**

特殊な用語なので、「天皇・院のお出かけ」と暗記してください。もともと「行幸」の「幸」も、「御幸」の「幸」も、「ユキ」は「行き」のことでした。天皇や院の外出なので、道中《どうちゅう》に危険や不幸のないことを祈り、「幸」という縁起《えんぎ》のよい字を当てたのです。

入試問題1
ℓ.3、問2「[B]幸」

63 行《ぎやう》《ギョウ》啓《けい》＝中《ちゅう》宮《ぐう》・皇太子のお出かけ

中宮や皇太子の外出は「行啓」といいます。「啓」は、79ページの「啓す」の「啓」だから、

「中宮・皇太子」だけに使うとわかりますね。「行」で「外出」を意味しています。

64 おほ《オ》やけ ＝ 朝廷・政府

「おほやけ」は「公」の字で、国家を意味します。「朝廷・政府」と訳します。

もちろん、単に「公的な」の意味で使われることもあります。入試に出るとすれば、「おほやけばら（公腹）」ですが、「他人事《ひとごと》ながら腹が立つ」という意味で、公平な立場での憤《いきどお》り、つまり「公憤《こうふん》」のことです。

65 政《まつりごと》・世《よ》・世《よ》の中《なか》 ＝ 政治

「政」は「**まつりごと**」と読みます。「政事」と書くこともあります。文字どおり「政治を行うこと」です。

「世」「世の中」は、いろいろな意味に用いられ、「①世間・俗世 ②男女の仲 ③**政治**」など、どの意味か文脈判断が必要です（26・208ページ参照）。「政治」の意味で使われることもあるのだと覚えておいてください。

入試問題4
ℓ.2「世の中」

＊「世・世の中」は多義語

66 勅《ちょく》・宣《せん》 ＝ 天皇の命令 ／ 仰《おほ(オオ)》せ言《ごと》 ＝ 高位の人の命令

天皇の命令を「勅」「宣」といいます。「**勅《ちょく》命《めい》・勅撰《ちょくせん》・勅使《ちょくし》**」「**宣命《せんみゃ(ョ)う》・宣旨《せんじ》**」などと使います。

「仰せ言」は、天皇・院・女院《にょういん》・中宮《ちゅうぐう》・摂政《せっしょう》・関白《かんぱく》などの高位の人の命令です。

67 晴《はれ》 ＝ 正式・公的 ／ 褻《け》 ＝ ふだん・私的

「晴」と「褻」は対義語です。セットにして覚えましょう。

「晴」は、今も「晴の舞台」「晴着」と使っていますね。おおぜいの人に見てもらうような**正式**の場を意味します。古文では、「晴の衣《きぬ》」「晴の歌」などと使います。「正装」「正式の和歌」のことですね。もっとわかりやすくいうと、天皇や中宮や上級貴族の前で着る着物、天皇や院が主催する**歌合《うたあは(ワ)せ》**（188ページ参照）などで発表する歌のことです。

逆に、「褻の衣」は「**ふだん着**」、「褻の歌」は「**私的**な和歌」のことです。私的な和歌とは、個人と個人がやりとりした手紙で、公に発表しない歌のことです。

入試問題6
問1　ロ
「褻に着たまふ御衣」

68

時《とき》めく ＝ 寵愛《ちょうあい》を受ける

時《とき》の人《ひと》 ＝ 時流に乗って栄える人

今でも、その時代に出世し脚光《きゃっこう》を浴びた人を、「今を時めく人」とか「彼は今や時の人だ」などといいますね。同じように、古文でも、出世したり脚光を浴びたりして、時代の流れにうまく乗った人を「時めく人」「時の人」というのです。

ただ、昔の出世は、今のように実力本位ではなく、天皇や摂政《せっしょう》・関白《かんぱく》や大臣などの権力者にかわいがられなければ成《な》し遂《と》げられません。そこで、「時めく」は、**高位の人にかわいがられる**という意味で「**寵愛を受ける**」とか「重用《ちょうよう》される」と訳します。また、「時の人」も、「**時流に乗って栄える人**」とか「寵愛を受けて栄える人」と訳します。

入試問題2
ℓ.3、問1「ときめく」

逆に、権力者側からいうと、相手を「時めく」ように「させる」ので、「時めかす」となります。「**時めかす**」は「**寵愛する・時流に乗って栄えるようにさせる**」と訳します。また、権力者が覚えてくれるという意味で、「覚え」にも「寵愛」の意味があります（15ページ参照）。

なお、「時の人」には「**その当時の人々**」の意味もあります。文脈判断してください。

69 のぼる

＝①高位の人のところへ行く・参上《さんじょう》する
②地方から都へ行く

低い位置から高い位置へ移動することを「のぼる」というのは今も昔も同じですが、昔は物理的な高低だけでなく、**身分の高低**にも使いました。「のぼる」は「**身分の高い人のところへ行く**」の意味で使われたのです。これを「**参上する**」ともいいます。「帝《みかど》の御前にのぼる」（天皇の前に参上する）などと使われます。逆に、「身分の高い人のところを去る」ことは「**さがる**」といいます。「局《つぼね》にさがる」などとあれば、身分の高い人のところから自分の部屋へ移動したのだと判断してください。

入試問題2
ℓ.2「のぼり」

また、天皇のいらっしゃる都（京都）も**位の高い場所**と考えられました。だから、「**地方**から**都**へ行く」ことも「のぼる」といいます。逆に「**都**から**地方**へ行く」ことは「**くだる**」といいます。今は都は東京ですが、地方から東京行きの列車を「上《のぼ》り」、東京から地方行きの列車を「下《くだ》り」と呼んでいますね。

70

里《さと》＝①人里・田舎《いなか》　②実家

人の住まない野山に対して、人家のあるところを「里」といいます。今でも「人里《ひとざと》」と使っています。都という都会に対し、一般人の集落である「里」は、「田舎」という意味でもあります。「**里びと**」などといった場合は「**田舎者**」のことです。ついでにいうと、「里びと」の逆は「**宮びと**」（都の人）です。また「田舎風だ」の意味には「里《さと》ぶ」「鄙《ひな》ぶ」、逆に「都会風だ」の意味には「雅《みや》ぶ」があります（197ページ参照）。

まれに「里内裏」という語が文章中に出ることがあります。皇居が火災などで使えなくなると、大《だい》内裏の外に臨時の皇居を設けました。本来の内裏よりは田舎に移るので、これを「里内裏」といいます。今だけの臨時の皇居なので「今《いま》内裏」ともいいます。

里内裏《さとだいり》＝臨時の皇居

「里」には「**実家**」の意味もあります。今でも、実家や故郷へ帰ることを「里帰り」といいますね。古文では「**里さがり**」「里通《がよ（イ）》ひ」などといいます。宮中《きゅうちゅう》に出仕《しゅっし》している女房《にょうぼう》が**休暇**をもらって実家に帰ったり、天皇の妻や貴族の妻が**休養**や**出産**のために実家に戻るときに使われます。また、実家で暮らすことを「里居《ゐ（イ）》」「里住《ず》み」といいます。

71

宿《との》直《ゐイ》 ＝ 宮中《きゅうちゅう》や貴族の邸《やしき》で宿直の夜勤をすること

宮中ではさまざまの行事があり、行事によっては徹夜しなければならないものもあります。**宿直夜勤**することを「宿直」といいます。**「とのゐ」**の読みも入試によく出ますので、覚えてください。

貴族の邸でも、宮中行事をまねて、徹夜の行事をすることがあります。雇われている人々が「宿直」することがあります。

第3章

エリートとキャリアウーマンたち…
どんな仕事をしたのかな？

宮中で働く男たち・女たち

宮中には、天皇のために働く男性・女性がたくさんいます。それらの人々の役職やランキングを覚えましょう。第２章に続き、この章も、入試古文における最重要知識です。

1 宮中で働く男たち

男子たる者は、政治を動かすエリートであれ！

宮中《きゅうちゅう》（内裏《だいり》）は、天皇ご一家の私生活の場でもありますが、政治の場でもありました。だから、宮中一帯（大《だい》内裏）には多くの役所があり、多くの男の人が働いていました。働く男性（役人）にはランキング（位階《いかい》）があります。生まれた家の家柄・身分の上下でランクが決まります。もちろん、その人の能力や娘の結婚による婚姻《こんいん》関係で、のちに出世していくこともあります。

宮中のトップはもちろん天皇なのですが、それは表向きの話で、多くの場合、天皇は飾り物でした。実際の政治は、摂政《せっしょう》・関白《かんぱく》を筆頭《ひっとう》に大臣・大納言《だいなごん》などの高官（上達部《かんだちめ》）が動かしていました。彼らは、超トップ階級の貴族です。

彼ら最上級の役人が決めたことを、天皇が公《おおやけ》に告知・宣言し、残る上級役人（殿上人《てんじょうびと》）が実務を執《と》り、中級・下級役人が手足となって働きます。そのなかで、入試に関係のある役職だけを列挙しました。これらの役職とその上下関係を知らなければ文章が読めないことがあります。役職名とランキングを覚えましょう。

72 摂《せっ》政《しゃう》《ショウ》・関《くわん》《カン》白《ぱく》・一《いち》の人《ひと》 ＝ 天皇の代わりに政治を行う実権者

幼帝に代わってすべての政務を行う人を「摂政」、天皇が成人しても引き続き政務を代行した場合は「関白」といいます。が、入試古文においては摂政と関白の違いを知る必要はありません。とにかく、**政治権力のすべてを握る実権者**であることを知っておけば十分です。表向きは天皇をあがめたてまつりますが、重要な事柄のほとんどは摂政・関白が決め、天皇は決まったことを告知・宣言するだけでした。だから、一番エライ人という意味で「**一の人**」ともいいます。

入試問題4
ℓ.1「一条摂政」

摂政・関白は特別職なので、ふさわしい人がいない場合は置かないこともありました。置いた場合でも複数人いることはなく、つねにひとりが就任《しゅうにん》します。また、**超トップ階級の貴族**でなければこの役職には就《つ》けません。摂政・関白は、最も勢力の強い藤原家が独占していました。

どうやって摂政・関白になるの？

摂政・関白になろうとする人は、天皇がまだ皇太子のうちに自分の娘を結婚させます。皇太子が天皇になったら、天皇の義理の父として、摂政・関白の役職を天皇に任命させます。昔の結婚は、夫の一族よりも妻の一族の発言権が強かった（22ページ参照）のですが、天皇家も、夫である天皇の直接の血筋よりも**天皇の妻の実家**（**外戚**《がいせき》）の力が重視されました。これを**外戚政治**といいます。

当時は、子だくさんなので、摂政《せっしょう》・関白《かんぱく》には多くの娘がいることが多く、長女と末娘が母娘《ははこ》ほど年が違うということもあります。たとえば、天皇の妻として長女を嫁《とつ》がせ、その間《あいだ》に生まれた天皇の息子たちに、二女・三女…末娘をつぎつぎと結婚させ、天皇一家を摂政・関白の一族でがんじがらめにして、**強力な血縁**を作ります。もしも天皇が亡くなっても、天皇の息子たちのひとりを新しい天皇にすることによって、母方《ははかた》の祖父（外祖父）として摂政・関白であり続けることができます。

摂政・関白の職をめぐる藤原家内部の争い

摂政・関白をひきずり降ろして、別のだれかがその地位に居座《いすわ》ろうとすることもあります。同じ藤原家でありながら、親子・兄弟・叔父甥《おじおい》の間で争い合うのです。

当時は天皇家も**一夫多妻**ですから、関白以外の娘でも天皇一族にお嫁入りができます。関白もつぎつぎと娘たちを嫁がせますが、新たに関白になろうと企《くわだ》てる者も、それに負けじと娘を嫁がせ、天皇一族と姻戚《いんせき》関係を結べばよいのです。

どちらの娘がより早くより多くの男の子を産むか、どの男の子が皇太子に指名されるかが勝負です。皇太子が天皇となるときに、皇太子を産んだ側が、外戚《がいせき》として摂政《せっしょう》・関白《かんぱく》に任命されるからです。そういう**子宝《こだから》の運・不運**が摂政・関白の地位を左右しました。

あるいは、関白一族のだれかが**スキャンダル**（**醜聞《しゅうぶん》**）を起こしたり、**仕事で失敗**（**失脚《しっきゃく》**）したりということがあれば、その弱点を突いて関白

出世だ
宮中
GoGo
もっと出世したいなぁ
わしもそろそろ摂政・関白
よしっではあの手だ
うちの娘を天皇に
ピッカー
いやいや
うちの娘はメガ美人で
頭もよろしいし
ぞろぞろ
わたしのコも
うちの娘も
うじゃ〜
だれがどれやら
もお何やら
わかりまっせ〜ん

を引退させることもできます。そして、汚点《おてん》のない自分たち一族を天皇に引き立ててもらうように働きかけたりします。

そのほか、天皇その人をだまして出家《しゅっけ》させ、強引に引退させることもありましたが、そういう例は、入試古文においては『大鏡《おおかがみ》』に出てくる**花山《かざん》天皇**の一例しかありません。この話は入試頻出ですので付表1「平安の有名人」に記しています（250・251ページ⑤⑥参照）。

いろいろとお話しましたが、要するに、結婚による**姻戚《いんせき》関係を結ぶ**ことと、次の天皇となるべき**皇太子を産む**ことが、権力を握り続けるポイントでした。そして、ライバルの失敗を利用し、逆に自分は失敗しないこと――それが摂政・関白でいる秘訣《ひけつ》だということです。

73 太《だい》政《じやう》《ジョウ》官《くわん》《カン》・近《この》衛《ゑ》《エ》府《ふ》・蔵《くら》《クロ》人《うど》所《どころ》

＝宮中《きゅうちゅう》のさまざまな役所

はじめにことわっておきますが、これらの用語は直接入試に関わる語ではありません。次ページ以降の役職を理解しやすくするための前フリとして、読んでください。

「**太政官**」は、「政」の字が入っているとおり、国政を取りしきる**政治の中枢《ちゅうすう》機関**でした。この役所には、大臣をはじめとし、大納言《だいなごん》・中《ちゅう》納言など多くの役人がいます。役人にはそれぞれにランキングがあり、一位が太政大臣、二位が左大臣・右大臣…などと順位階級（位階《いかい》）が決まっています（95ページ図表参照）。

「**近衛府**」は「衛」の字が示すとおり、**宮中の警護・防衛**を担当する役所です。今でいう皇宮警察に当たります。ここにも大将・中将《ちゅうじょう》・少将《しょうしょう》などの役人がいて、それぞれにランキングがあります（95ページ図表参照）。

「**蔵人所**」とは、**天皇の男性秘書たちのいる役所**です。秘書にもランキングがあります（95ページ参照）。

ほかにも役所はたくさんありますが、入試古文には関係ないので省きます。

74 上達部《かんだちめ》＝一・二・三位と四位の参議《さんぎ》（宰相《さいしょう》）

＊一・二・三位の役職は95ページ図表参照

「上達部」とは、文字どおり「上層部の人達」のことです。権力者である天皇・摂政《せっしょう》・関白《かんぱく》を除く、最高位の人たちをいいます。今でいう内閣に相当するものと思ってください。財務大臣・文部科学大臣などと同じく、大臣級の人々の集まりで、具体的な政策を協議する**最高議決機関**でした。彼らは別名「**公家**《くげ》」「**公卿**《くぎゃ(ョ)う》」「**月卿**《げっけい》」「**月客**《げっかく》」とも呼ばれます。

入試問題3
問1　2 B「上達部」

入試問題3
問1　3 A「公家」、5 A「月卿」

具体的にいうと、**一位から三位**のトップ3に、**四位のなかの参議**（**宰相**）だけが例外的に上達部に加えられます。どんな役職が上達部か、ある程度は知っておかないと読めない文章もあります。**95ページの図表の**　**に含まれる役職名を暗記**してください。

参議と**宰相**は、**同じ役職**の和名と唐名（中国名）です。なぜ参議・宰相が上達部に入るかというと、「参議」とは、字のとおり「議会に参加する」ことが仕事で、最高議決機関である上達部に入らないと仕事にならないので例外的に加えたのです。

また、「宰相」の「相」の字は、大臣格を示す文字です。今も、総理大臣を首相、文部科学大臣を文科相と呼びますね。そこから、「宰相」も大臣たちと同じ上達部に入るのだと暗記しましょう。

◆「上達部」の「達」は、大学によっては旧字「達」を使うこともあります。

官位役職

＊読解上必要なものに限る
↓は兼任

官職＼位階	一位	二位	三位（正）	三位（従）	四位（正）	四位（従）	五位（正）	五位（従）	六位（正）	六位（従）
太政官	太政大臣	左大臣 右大臣 内大臣	大納言	中納言	参議（宰相）	大弁	中弁 少弁	少納言		
近衛府				大将 ↑（大臣・大納言が兼任）		中将	少将			
蔵人所					蔵人頭 ・頭弁（↑大弁・中弁が兼任）	・頭中将（↑中将が兼任）		五位蔵人	六位蔵人	
国司（受領）								守《かみ》（大国）	介《すけ》（大国） 守（中国）	介（中国） 守（小国）
大宰府				帥《そち》			大《だい》弐《に》	少弐		

宮中で働く男たちの大別

…上達部《かんだちめ》＝一位・二位・三位と一部の四位（参議）をいう。別名を「公家《くげ》」「公卿《くぎょう》」「月卿《げっけい》」「月客《げっかく》」とも。

…殿上人《てんじょうびと》＝昇殿を許された者。通例、四位・五位と一部の六位（蔵人）。別名を「雲客《うんかく》」「雲の上人《うえびと》」「上人《うえびと》」「堂上《どうじょう》」とも。

…地《じ》下《げ》＝昇殿を許されない者の総称。一般には六位以下の者をいう。

太政官
国政の中枢機関。このうち大臣・大中納言・参議が最高議決機関を構成し、「上達部」と呼ばれる。

近衛府
皇居の中心部の警衛を担当する。大将は大臣か大納言が兼任する。大中少将ともすべて摂関家・大臣家あるいは諸名家の出であることを原則とする。

蔵人所
天皇の秘書官。諸事の連絡や諸行事の切り廻しをする重要な職務。「蔵人頭」は大弁・中弁や中将が兼任する。

国司
約六十か国の地方行政組織の長官。国の大きさによって位が違う。中央から任命派遣されるが、大国の守は赴任せず兼任が多い。任期は四年。

大宰府
国司の治める諸国は中央政府の太政官に直属するが、九州だけは別で、大宰府が九国二島を総管する。帥・大弐の任期は五年。大臣が流罪になるときは大《だ》宰権帥《ざいのごんのそち》となるが、形式だけで政務には関与しない。

75

殿《てん》上《ジョウ》《じやう》人《びと》 ＝ 四・五位と六位蔵人《くろうど》

＊四・五位の役職は95ページ図表参照

宮中《きゅうちゅう》に、天皇が私生活をお送りになるための「清涼殿《せいりょ(ヨ)うでん》」という建物がありました。清涼殿のなかに「殿上の間《ま》」という部屋があります。その**殿上の間に出入りすること（昇殿《しょうでん》）を許された人々**を「殿上人」といいます。天皇が、この部屋に殿上人を集めて、仕事の指示を出し、朝礼のようなことをしたのです（66ページ参照）。

上達部《かんだちめ》の仕事が会議中心であるのに対して、殿上人は**実務を行う人々**です。天皇のすぐ近くで仕事をするのですから、そこそこ身分が高くなくてはなりません。だから**四位・五位**の人々に限られていました。ただし、多くの六位のなかから、例外的に**六位蔵人**だけが殿上人の仲間入りをします。蔵人とは天皇の男性秘書（99ページ参照）のことですが、天皇の指示を聞かないことには仕事にならないので殿上の間に入ることを許されたのです。

入試問題3
問1　1 B、2 A「殿上人」

殿上人は、別名「**雲客**《うんかく》」「**雲の上人**《うへ(エ)びと》」「上人《うへ(エ)びと》」「堂上《だ(ド)うじゃ(ヨ)う》」ともいいます。「雲」がつくのは、宮中を天に、天皇を太陽に、上達部を月に、殿上人を雲にたとえたところから来ています（63・94ページ参照）。

入試問題3
問1　3 B「堂上」、5 B「雲客」

95ページの図表の□に含まれる役職名を確認してください。

76 地《ぢジ》下《げ》 ＝ 昇殿《しょうでん》の許されない役人

＊一般には六位以下の人々

宮中《きゅうちゅう》で働く男たちのなかで、殿上の間《ま》に入れない人々、すなわち**昇殿の許されない役人**を、まとめて「地下」といいます。「地下」は、文字どおり「殿上」の対義語なのです。上達部《かんだちめ》（最上級役人）と殿上人《びと》（上級役人）を合わせて貴族とするのに対し、「地下」は**中級・下級の役人たち**のことです。

入試問題3
問1　1 A「地下人」

地下（六位以下）の役職名のすべてを具体的に知る必要はありません。入試古文によく登場する「**国守《くにのかみ》・国司《くにのつかさ》**」の大半が**六位**で**地下**であることは知っておきましょう。**95ページの図表の**［　］**を参照**してください。彼らは出世して殿上人になろうとする貴族の予備軍でした（100ページ参照）。

ここまで、おおざっぱに説明してきた上達部《かんだちめ》・殿上人《てんじょうびと》・地下《じげ》のなかの役職のうち、特に入試によく出てくる役職名を具体的に説明しましょう。

77 大臣《おとど》・大殿《おとど》《おほいどの（オオイ）》＝大臣

「大臣・大殿」はどちらも「**おとど**」と読みます。「大殿」は「**おほいどの**」の読みもあって、漢字を読みなさいといわれたときは、どちらの読みでもかまいません。でも、「一方の読みだけ覚えておけばいいや」と、ズボラをすると困ることがあります。文章中にひらがなで登場した場合、覚えていないほうの読みで出てきたら、何のことだかわからなくなるからです。結局、両方の読みと漢字を覚えておかなければなりません。

「太政《だいじゃ(ヨ)う》大臣」は入試古文にあまり登場しませんが、「左大臣・右大臣・内大臣」はよく出てきます。「ひだりのおとど（おほいどの）・みぎのおとど（おほいどの）・うちのおとど（おほいどの）」と読みます。「左－右－内」の順にエライのですが、難関大学志望者は「**左大臣が一番エライ**」とだけは知っておいてください。

78 蔵《くら》《クロ》人《うど》・職事《しきじ》＝天皇の男性秘書

「蔵人」とは、「宮中《きゅうちゅう》の文書や道具を納める蔵を管理する人」のことです。機密の文書を扱うほか、儀式の段取り、仕事の伝令、その他の雑事など、**天皇の身のまわりの一切《いっさい》のお世話をする人**で、**天皇付《づ》きの男性秘書**たちです。別名「**職事**」ともいいます。儀式などの有**職**故実《ゆうそくこじつ》のことにくわしいからでしょう。「女蔵人《にょくろうど》」もいますが、入試に出ないので省きます。

「**六位**蔵人―**五位**蔵人―蔵人**頭**《くらうどのとう》」の順に昇格していきます。「蔵人頭」は、文字どおり「蔵人たちの頭《かしら》（ボス）」のことで、秘書室長だと理解してください。蔵人頭は、太政官《だいじょうかん》の「大弁《だいべん》」や「中弁《ちゅうべん》」が兼任したり、近衛府《このえふ》の「中将《ちゅうじゃ（ョ）う》」が兼任したりしました。「蔵人頭である大弁・中弁」を「**頭弁**《とうのべん》」、「蔵人頭である中将」を「**頭中将**《とうの》」といいます（95ページ図表参照）。文章中は「頭弁」「頭中将」で登場することが多いので理解しておきましょう。

宮中で働く男性の出世コースは、若くして殿上《てんじょう》人《びと》として**六位蔵人**から**五位蔵人**になり、**蔵人頭**へ昇格し、兼任によって**近衛府**や**太政官**《だいじょうかん》**の高官**に抜擢《ばってき》されるのが理想でした。そこから、さらに**上達部**《かんだちめ》に出世し、太政官の最高位である**大臣**になろうと夢見たのです。

79 国守《くにのかみ》《こくしゅ》・国司《くにのつかさ》《こくし》・受《ず》領《りやう》《リョウ》＝地方国の長官

＊「～の守《かみ》」「～の介《すけ》」ともいう

歴史学においては、国守・国司・受領はそれぞれ微妙に違うのですが、入試古文においては、どれも「**地方国の長官**」と覚えておけば十分です。今でいう都道府県知事に当たります。任国の名前に「**～の守**」「**～の介**」とついた形で登場することもあります。「武蔵《むさし》の守《かみ》」「遠江《とほ(オ)たふ(トウ)み》の介《すけ》」などです。「守」「介」も国守・国司だとわかってください。

だれがどこの国を治めるかは、中央政府（宮《きゅう》中《ちゅう》の超トップ階級）が決めます。任期はふつう**四年**でした。国守・国司から出世して殿上人《てんじょうびと》となるケースもありますが、多くの場合は一生を国守・国司で終える人が多かったようです。大きな国の国守・国司は皇族・貴族が兼任するため五位ですが、国守・国司の大半は**六位以下**で、原則として昇殿《しょうでん》は許されません。国守・国司は一般には**地下**《じげ》ということです（95・97ページ参照）。

彼らの多くは、自分の娘を宮中で働く女性（女房《にょうぼう》）として出仕《しゅっし》させました（110ページ参照）。もしも、娘が宮中で貴族の男性の目にとまり、うまく結婚できれば、一族の格が上がるからです。

参考

80

帥《そち》・権帥《ごんのそち》・大弐《だいに》 ＝ 大宰府《だざいふ》の役人

国守《くにのかみ》（国司《くにのつかさ》）の治める国々は都の中央政府がじかに統括《とうかつ》しますが、**九州**だけは独立した統治《とうち》機関として「**大宰府**」を置きました。朝鮮・中国に対する国防や外交などの特殊性と地理的な遠さのため、九州の九国（薩摩《さつま》・大隅《おほ(お)すみ》など）と二島（対馬《つしま》・壱岐《いき》）を「大宰府」が一括し、中央政府と連絡を取り合ったのです。別名「遠《とほ(お)》の朝廷《みかど》」ともいいます。

大宰府のお役人のなかで、帥・権帥・大弐はときどき入試古文に登場しますので、ついでに覚えておきましょう。「帥」は親王《しんのう》（56ページ参照）がなることが多く、これを「帥宮《そちのみや》」といいます。一種の名誉職で、実際は九州へは行かなかったようです。また、**菅原道真**《すがわらのみちざね》（250ページ①参照）のように、失脚《しっきゃく》した大臣が「権帥」として都から九州へ左遷《させん》されたりもします。この場合の「権帥」は名ばかりで、もと大臣は邸《やしき》に閉じ込もって謹慎《きんしん》生活をし、実務は「大弐」が行います。

◆正しくは「大宰府」ですが、古文では「大」「太」の二つの表記が混同して用いられています。

旧国名・県名対照地図

・平安期、国を畿内五国と七つの地域に区分。「五畿七道《ごきしちどう》」という。
・当時、北海道と沖縄は国の区分に含まれなかった。なお、北海道は「蝦夷《えぞ》」「夷《えびす》」と呼ばれた。
・赤字の旧国名の読みや現在の県名は入試に頻出。旧国名の読みについて、入試頻出のものは旧かな(ひらがな)と新かな(カタカナ)の両方を、それ以外は新かなのみで表記している。

北陸道《ほくりくどう》

若狭《ワカサ》（福井）
越前《エチゼン》（福井）
加賀《カガ》（石川）
能登《ノト》（石川）
越中《エッチュウ》（富山）
越後《エチゴ》（新潟）
佐渡《サド》（新潟）

東山道《とうさんどう》

近江《あふみ(オウミ)》（滋賀）
美濃《ミノ》（岐阜）
飛騨《ヒダ》（岐阜）
信濃《シナノ》（長野）
上野《コウズケ》（群馬）
下野《シモツケ》（栃木）
出羽《デワ》（秋田・山形）
陸奥《むつ》《みちのく》（青森・岩手・宮城・福島）

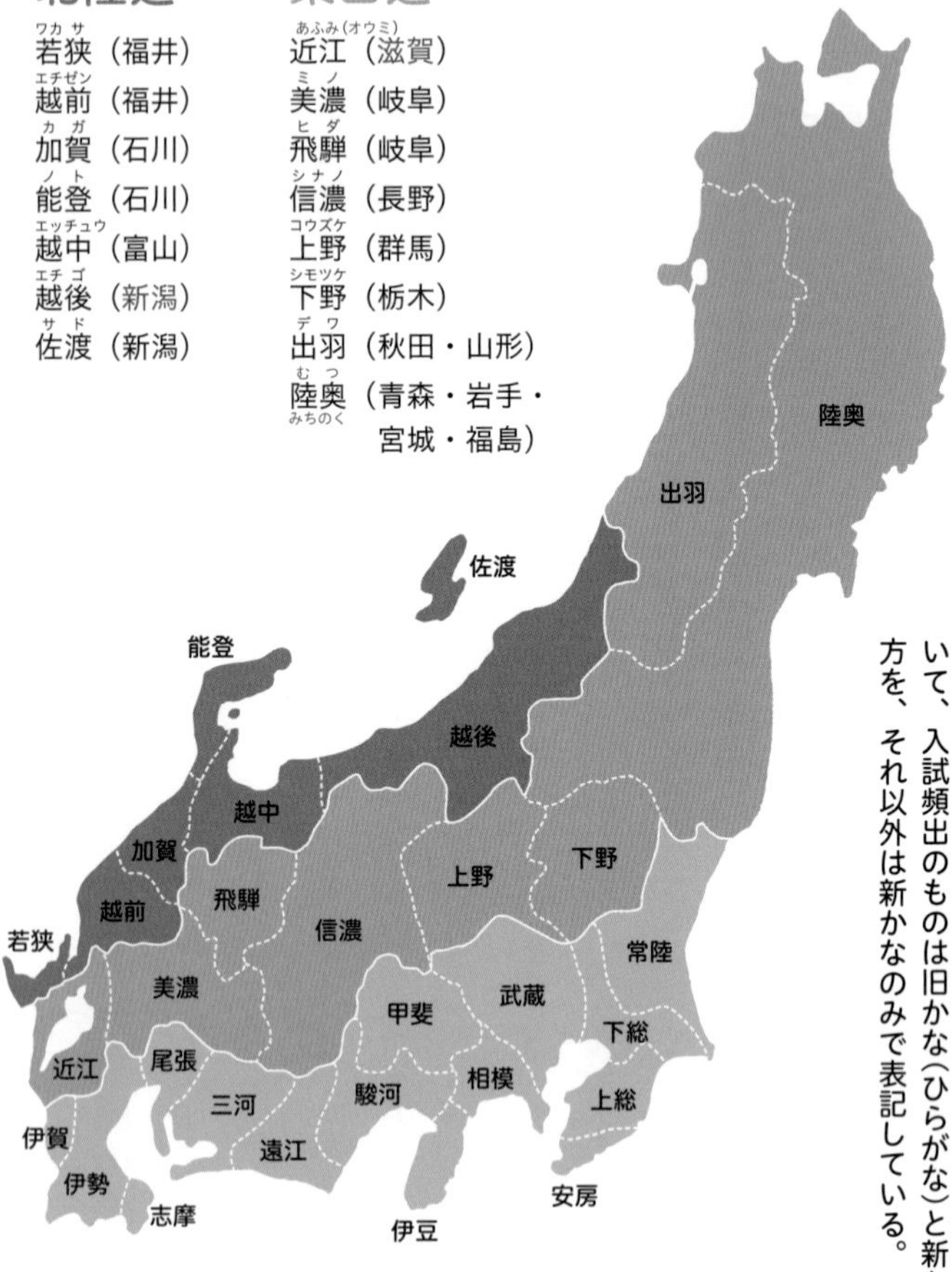

東海道《とうかいどう》

伊賀《イガ》（三重）
伊勢《イセ》（三重）
志摩《シマ》（三重）
尾張《オワリ》（愛知）
三河《ミカワ》（愛知）
遠江《とほたふみ(トオトウミ)》（静岡）
駿河《スルガ》（静岡）
伊豆《イズ》（静岡）
甲斐《カイ》（山梨）
相模《サガミ》（神奈川）
武蔵《ムサシ》（東京・埼玉・神奈川）
安房《アワ》（千葉）
上総《かづさ(カズサ)》（千葉）
下総《シモウサ》（千葉・茨城）
常陸《ひたち》（茨城）

山陽道《さんようどう》

播磨《はりま》（兵庫）
美作《ミマサカ》（岡山）
備前《ビゼン》（岡山）
備中《ビッチュウ》（岡山）
備後《ビンゴ》（広島）
安芸《アキ》（広島）
周防《すはう(スオウ)》（山口）
長門《ナガト》（山口）

山陰道《さんいんどう》

丹波《タンバ》（京都・兵庫）
丹後《タンゴ》（京都）
但馬《タジマ》（兵庫）
因幡《イナバ》（鳥取）
伯耆《ホウキ》（鳥取）
出雲《いづも(イズモ)》（島根）
石見《イワミ》（島根）
隠岐《おき》（島根）

畿内《きない》

山城《ヤマシロ》（京都）
大和《やまと》（奈良）
河内《カワチ》（大阪）
和泉《イズミ》（大阪）
摂津《セッツ》（大阪・兵庫）

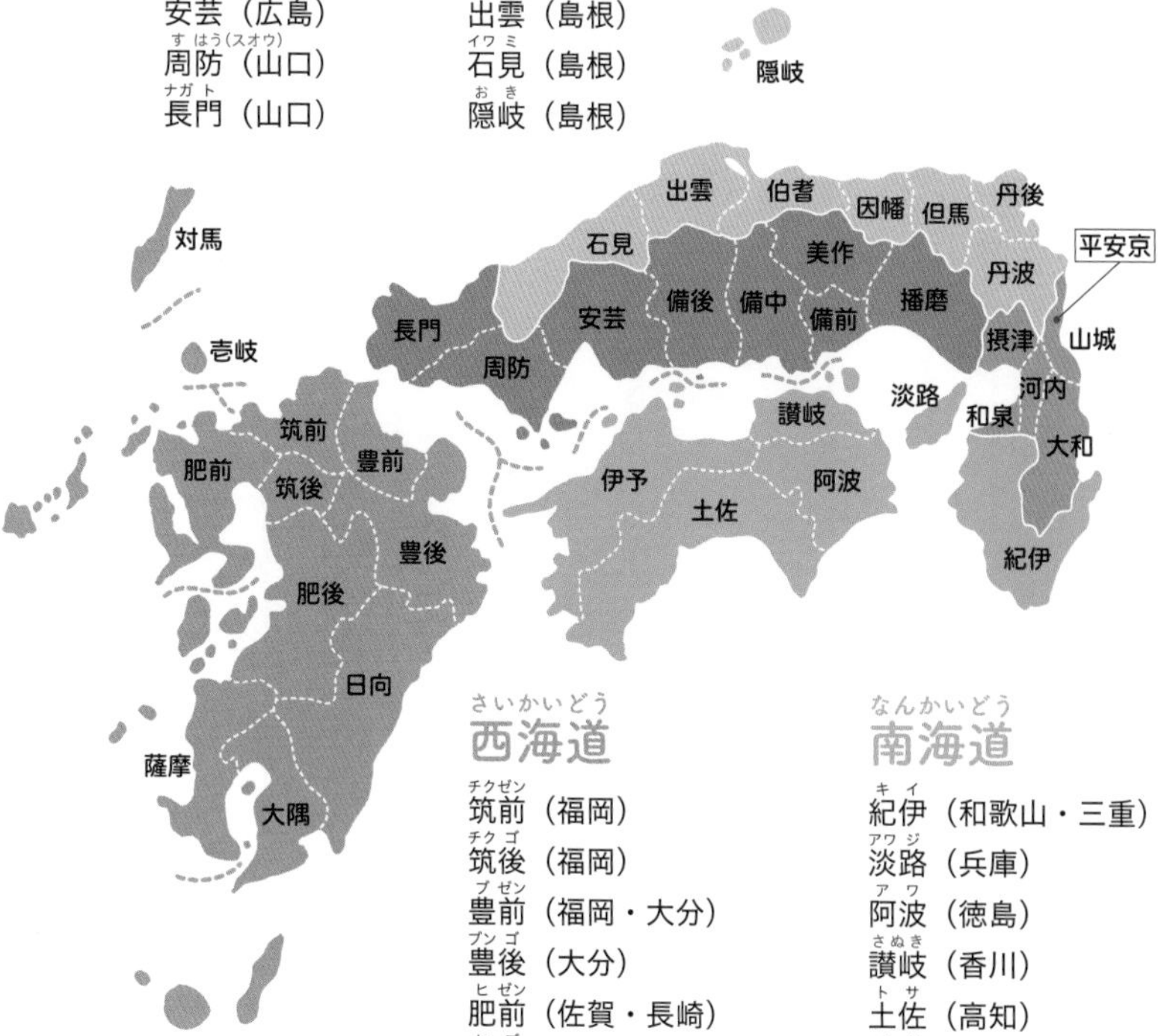

西海道《さいかいどう》

筑前《チクゼン》（福岡）
筑後《チクゴ》（福岡）
豊前《ブゼン》（福岡・大分）
豊後《ブンゴ》（大分）
肥前《ヒゼン》（佐賀・長崎）
肥後《ヒゴ》（熊本）
日向《ヒュウガ》（宮崎）
薩摩《サツマ》（鹿児島）
大隅《おほすみ(オオスミ)》（鹿児島）
壱岐《イキ》（長崎）
対馬《ツシマ》（長崎）

南海道《なんかいどう》

紀伊《キイ》（和歌山・三重）
淡路《アワジ》（兵庫）
阿波《アワ》（徳島）
讃岐《さぬき》（香川）
土佐《トサ》（高知）
伊予《イヨ》（愛媛）

ここから説明する役職は、ランキング（位階《いかい》）を意識する必要はなくて、ただ仕事の内容だけを理解してください。また、漢字の読み書きもよく問われる役職です。

81 内舎人《うどねり》・舎人《とねり》・随身《ずいじん》＝高位の人に付《つ》き従う警護の供人《ともびと》

院・天皇・中宮《ちゅうぐう》などの皇族や、摂政《せっしょう》・関白《かんぱく》・大臣などの超トップ階級の貴族が、公用で外出なさるときに**警護**をする人々です。今でいうＳＰに当たります。厳密にいうと内舎人・舎人・随身は

それぞれ微妙に違うのですが、受験生には不必要な知識なので書かずにおきます。

立派な方々《かたがた》のそばに付くのですから、家柄のよい**貴族の若い子息たち**がこの仕事に就《つ》きました。

入試問題7
ℓ.1「内舎人」

参考

82 従者《ずさ》＝供人《ともびと》

貴族などが、個人的に雇っている供人のことです。

83 先駆《ぜんく》《せんぐ》(前駆《ぜんく》《せんぐ》)・先《さき》(前《さき》) ＝ 行列の先導者

皇族・貴族が外出なさるときに、**行列の先頭**に立って大きな声を出し、高位の人のお通りを告げる係をいいます。そうして前方の通行人などを追い払うことを「**先(前)追ひ《(イ)》**」「**先(前)払《ばら》ひ《(イ)》**」といいます。時代劇の行列シーンで「下にぃ、下にぃ」と声を出す先導係がいますね。平安時代はどのような言葉だったかはわかりませんが、役割としては同じようなものです。今も、パレードの先頭を白バイが導きますね。赤いパトライトを灯しているので声は出しませんが、昔も今も行列を安全に通すことに変わりはありません。

入試問題10
ℓ.1「御さき」

84 滝口《たきぐち》 ＝ 宮中《きゅうちゅう》で天皇を警護する武士

天皇の私生活の場である清涼殿《せいりょうでん》近くの水の落ちるところ(滝)に警護の詰所《つめしょ》があったので、その詰所を「滝口所《どころ》」(64ページ参照)、警護の武士を「滝口」といいました。**天皇を守る**のが仕事です。六位蔵人《くろうど》の部下になります。

◆「滝口所」は「滝口の陣」(67ページ参照)ともいいます。

85 大《だい》夫《ぶ》・式《しき》部《ぶ》・馬頭《うまのかみ》＝宮中《きゅうちゅう》のさまざまな役職

今まで列挙した宮中の役職名のほかに「大夫・式部・馬頭」も入試古文の文章にときどき登場します。ランキングや仕事内容は知らなくてもかまいませんが、これらの呼び名は**役職名**なのだということだけはわかってください。

「大夫」は「**だいぶ**」と読むと、中宮《ちゅうぐう》や皇太子に関わる**お役所の長官**で、エライお役人です（73ページ参照）。ところで、入試頻出の『**建礼門院**《けんれいもんいん》**右京**《うきょうの》**大夫**《だいぶ》**集**《しゅう》』は建礼門院（女院《にょうゐん》）にお仕《つか》えした右京大夫という**女房**《にょうぼう》が書いた日記です（268ページ参照）。女房の役職名は、一族の男性のなかで最も出世している人の役職名をそのままもらいました（114ページ参照）。作者の身内の男性のなかに右京大夫がいたということです。

入試問題3
問題文前書き
「建礼門院右京大夫」

「式部」も、男性はもちろん、紫式部や和泉式部など女房の役職名にも使われます。男性か女性かは場面や文脈で判断しましょう。

「馬頭」という役職には「左《ひだりの》馬頭」と「右《みぎの》馬頭」がありますが、「馬頭」という役職が入試で問題になるとすれば、**在原業平**《ありわらのなりひら》をモデルにしたお話『**伊勢**《いせ》**物語**』です（267ページ参照）。業平という名前では登場せず、「男」「ある男」「**右馬頭**」などと出て、だれのことかときかれます。

◆「大夫」を「たいふ」と読んだ場合は「五位の人々」の通称です。「だいぶ」と「たいふ」の違いを入試が問うことはありません。

86 朝臣《あそん》・～卿《キヨウ》《きやう》 ＝ 貴族の敬称

この用語そのものは役職名ではなく、**貴族**を敬《うやま》って呼ぶときに使われました。「藤原朝臣」「業平《なりひら》朝臣」「公任《きんとう》卿」などと、姓名にくっつけます。位によってくっつけかたに微妙な違いがあるのですが、受験生は、上達部《かんだちめ》や殿上人《てんじょうびと》、つまり貴族だとわかれば十分です。

入試問題8
ℓ.3「通盛の朝臣」

87 殿《てん》上《ジョウ》《じやう》童《ワラワ》《わらは》 ＝ 殿上の間《ま》に入れる貴族の少年

＊「童《ワラワ》《わらは》殿《てん》上《ジョウ》《じやう》」ともいう

平安時代、男子は十二歳ごろに成人式（元服《げんぷく》）を行います（42ページ参照）。それ以前の、今でいう**未成年**を「童」といいます。未成年といってもほんの十歳程度の子どもです。

貴族の息子は、**将来の高級官僚候補生**として、小さいうちから天皇のそば近くで作法《さほう》の見習いをします。そのために特別に許されて「**殿上の間**」に出入りしました。だから、そういう**貴族の少年**を「殿上童」といいます。

宮中《きゅうちゅう》にはいろいろな身分の童がいて、下級役人の子どもなどは雑用をします。雑用係の少年は「童」「男《を(オ)》の童」「小舎人《こどねり》童」などといいます。

88 雑《ざふ》《ゾウ》色《しき》 ＝ 雑用係・使い走りの下位の者

「雑多」で「色々」な仕事をするところから、雑用係の男性を「雑色」といいます。入試の設問に直接取り上げられることはまずありませんが、一応説明しておきます。「**ざふしき**」と読みます。漢字の読みはときどき出ています。

余談ですが、「**雑人**」という言葉も、たまに文章中に出てくることがあります。これは「庶民」を意味します。「雑多な人々」ということでしょう。「**ざふ《（ゾウ）》にん**」と読みます。

あこがれの平安キャリア・ウーマン

宮中《きゅうちゅう》にはたくさんの女性が働いていました。宮中で働くことを「出仕《しゅっし》」といいます。出仕している女性を大きく三つに分けると、女房《にょうぼう》・女官《にょうかん》・下仕《しもづかえ》となります。女房はおもに高位の女性に仕《つか》える私設スタッフで、スポンサーは高位の女性の実家です。女官・下仕は国が雇う公務員で多種多様な仕事をします。このなかで最も重要なのは女房です。

女房たちは、位の高い皇族・貴族に直接お仕えしました。宮中の華やかな表舞台も見るし、人間の心の裏の悲哀や嫉妬《しっと》も見ることになります。私たちが入試問題で見る平安女流文学――『源氏《げんじ》物語』『枕草子《まくらのそうし》』『紫式部《むらさきしきぶ》日記』など――は、そうした女房たちが見聞きしたことを題材にして書き記したものです。女房の役割や地位、身分の高い人々との関わり方を知っておくと、宮中文学が読みやすくなります。

女房と一口にいっても、お仕えする女ご主人（皇族・貴族）はさまざまで、互いにライバル意識もあります。また、女房たちには上・中・下の三つのランクがありました。それぞれのランクの女房にどのような役職名がついていたかも覚えましょう。

89 女房《にょうぼう ボウ》 ＝ 宮中《きゅうちゅう》で働く女性

＊高位の女性に仕《つか》える

貴族の娘でも天皇の妻になれなかった場合には女房として働くこともありますが、女房の多くは**中流役人（国守《くにのかみ》・国司《くにのつかさ》）の娘**でした。身分の高い人々と接する仕事ですから、だれでもが女房になれるわけではなく、それなりの教養が必要です。「○○さんの娘さんは、とても優秀らしい」と噂《うわさ》になると、「宮中で働きませんか」とお声がかかるのです。そのため、中流役人の家庭では、小さいときから娘に**和歌や漢詩の教養**を身につけさせました。

女房は「房」（部屋）を与えられて住み込みますが、宮中で働くことは精神的には重労働です。身分の高い人々に気を遣《つか》うからです。それでも、華やかな世界に入り、自分の能力が認められることは、この上ない喜びでした。また、運よく貴族の男性の目にとまり結婚できれば、彼女の産む息子や娘は貴族の子どもとして育ち、中流階級を脱出できます（100ページ参照）。そういうさまざまな期待を胸に、宮中出仕《しゅっし》を引き受けたのです。今のみなさんの感覚でいうと、芸能界にあこがれる気持ちに近いでしょうか。

女房は原則として**高位の女性に仕え**、男性には付《つ》きません。ついでにいうと、宮中だけでなく、貴族の邸《やしき》に雇われて、夫人や姫君のお世話をする女房もいます。

入試問題6
ℓ.1「女房」
女房が仕える「上」は女ご主人。

90 宮《みや》のひとびと・宮《みや》の御方《おんかた》 ＝ 中宮付《ちゅうぐうづ》きの女房《にょうぼう》

天皇には、多くの妻がいました。それぞれの妻に女房たちが付いていました。妻たちはお嫁入り道具の一つとして、女房を宮中《きゅうちゅう》へ連れていきます。天皇に嫁《とつ》ぐことが決まった時点で、父親が娘のために、噂《うわさ》に高い才能豊かな女性たちを集めてくれます。結婚してからも、優秀な人材は追加採用します。**紫式部《むらさきしきぶ》**や**清少納言《せいしょうなごん》**もそうして採用されたのです。

中宮付きの女房は、文章中では「宮のひと」「宮のひとびと」「宮の御方」と出てきます。あるいは場面が中宮のおそばとわかっている場合は、単に「ひとびと」となっていることもあります。女房にはいろいろな仕事があって、食事や着物のお世話、手紙の代筆、行事の準備、お客様の接待、そして中宮の日常の相談も受けます。「家政婦＋マネージャー＋秘書＋お話し相手」のナンデモ屋ということです。

入試問題8
ℓ.1「門院の女房」
門院は「もと中宮」。

中宮以外の天皇の妻たち（**女御《にょうご》など**）も、同じようにして女房を抱えています。妻たちが**ライバル意識**を持っている（53・54ページ参照）ので、それぞれの女房たちも競い合って、「われこそは」と女ご主人のために能力を発揮します。

91

斎《さい》院《ゐん》《イン》のひとびと・斎《さい》院《ゐん》《イン》の御《おん》方《かた》

＝斎院付《づ》きの女房《にょうぼう》

賀茂《かも》神社にお仕《つか》えする**斎院**（58ページ参照）にも**女房たち**が付いています。斎院は、宮中《きゅうちゅう》の雑事から離れ、静かな環境で神事に専念していますから、女房たちもあまり忙しくはなかったようです。身のまわりのお世話をするほかは、神社の行事の準備などをします。また、斎院と一緒に、優雅に和歌を作ったりもしていたようです。

神の妻である斎院は、**天皇の正妻である中宮《ちゅうぐう》と同格の身分扱い**を受けます（58ページ参照）。それぞれの女房たちの**対抗意識**はたいへんなものでした。**中宮方《がた》の女房たち**は、天皇や摂政《せっしょう》・関《かん》白《ぱく》など権力者の目の届くところで働きますので、ミスは許されません。また、殿方《とのがた》と話すときも、気のきいた対応が要求されます。彼女たちは、宮中の複雑な**人間関係をうまく処理できる能力**を自慢としています。逆に、**斎院方の女房たち**は自分たちの**優雅な生活と神々《こうごう》しい雰囲気**を自慢としています。どちらの女房たちも、相手の女ご主人のことは悪くいいませんが、女房同士のけなし合いがあったことは『紫式部日記《むらさきしきぶにっき》』に見られます。その場面を立命館大・早稲田大が出したことがあります。

92 典侍《ないしのすけ》《すけ》・内侍《ないし》 ＝ 天皇付《づ》きの女性秘書

「典侍」の「典」は「書物・儀式」を意味する語で、今も辞典・式典と使っていますね。儀式ばった書類を扱う女性のことですから、**天皇の女性秘書**です。「内侍」は「内《うち》に侍《はべ》る」（天皇に仕《つか》える）の意味で、やはり**天皇の女性秘書**です。天皇の命令などを、ほかの人々に知らせる役目をします。天皇に直接お仕えする女性なので、**貴族の娘**でなければ典侍・内侍にはなれません。典侍も内侍も複数います。「内侍」は漢字の読み書きを覚えます。

入試によく出る出典に『**讃岐典侍《さぬきのすけ》日記**』があります。「讃岐典侍」という女性が書いた日記です（268ページ参照）。彼女は、**堀河《ほりかわ》天皇にお仕えする女性秘書**でした。堀河天皇がご病気のときには、添い寝までして看病しました。堀河天皇亡きあとは、幼い**鳥羽《とば》天皇**にもお仕えしています。

ところで、「ないし」とよく似た「ないしのかみ」という人がいましたね（53・55ページ参照）。天皇の妻のひとりで「尚侍《ないしのかみ》」と書くのでした。「ないしのかみ」とは「内侍の督《かみ》（監督）」のことで、もともとは内侍の上司、つまり女性秘書室長のことでした。天皇のそばで仕事をするうちに恋愛の対象となることが多くなり、「天皇の妻」を意味する語となりました。

◆「典侍・内侍」は国に雇われた上級の「女官」ですが、女房か女官かの区別は入試には不要なので、ただ「天皇の女性秘書」とだけ覚えてください。女房たちと同様に、知的レベルの高い女性です。

93 上《ジョウ》《じゃう》臈《ロウ》《らふ》女房・中《ちゅう》臈《ロウ》《らふ》女房・下《げ》臈《ロウ》《らふ》女房 ＝ 上位の女房《にょうぼう》・中位の女房・下位の女房

女房のなかにも、いろいろなランキングがあります。**実家の家柄・身分の高さ**で、上・中・下が決まります。上から順に、「**上臈**女房・**中臈**女房・**下臈**女房」といいます。

入試問題3
問1 4B「上臈」

女房たちは、実名を名のることはありませんでした。当時は女性を一人前《いちにんまえ》として認めていなかったのでしょう。彼女たちは、それぞれ**役職名**で呼ばれました。女房の役職名は、自分の一族の男の人（父・夫・兄弟など）のなかで、最も出世している人の役職名をそのままもらいます（106ページ参照）。たとえば**清少納言**《せいしょうなごん》（『枕草子《まくらのそうし》』の作者）は、「清」が「清原氏」（71ページ参照）で、「少納言」が役職名です。父の清原元輔《きよはらのもとすけ》が少納言だったからです。役職名を聞いただけで、その女房の家柄や身分がだれにでもわかるようになっていたわけです。

ということは、「**女房の役職名＝男性の役職名**」となります。つまり、女房の「**上臈―中臈―下臈**」は、男性の「**上達部《かんだちめ》―殿上人《てんじゃうびと》―地下《ぢげ》**」と役職が一致します。その目で**55ページの表と95ページの表**を見くらべてください。「下臈」の「伊勢《いせ》・播《はり》磨《ま》など」は、男の役職の国司《くにのつかさ》・国守《くにのかみ》（地下）のランクに当たります。その男性が赴任《ふにん》した国名をつけたのです。

94 命《ミヨウ》《みやう》婦《ぶ》 ＝ 中臈《ちゅうろう》女房

御達《ごたち》 ＝ 上臈《じょうろう》女房

中臈女房を、まとめて「命婦」ともいいます。具体的な役職名をつけて「少将の命婦」「少納言の命婦」などと呼んだりもします。中臈だということは入試にあまり関係ありませんが、女房であることは知っておいてください。「みゃうぶ」の読みも入試に出ます。

また、**上臈女房**を「御達」ともいいます。女房であることはわかってください。

95 おもと ＝ あなた・〜さん

＊女房を親しみを込めて呼ぶ語

「おもと」はもともとはどんな女性にでも使う言葉でしたが、平安時代はおもに**女房**に使います。女房を親しく「あなた」と呼ぶときに「おもと」というのです。複数にして「おもとたち」（あなたたち）ともいいます。役職名につけて「式部のおもと」などともいいます。「式部さん」のことです。

訳を要求されることはほとんどありませんが、女房であることはわかってください。

96

女《にょう》官《くわん》《カン》 ＝ 宮中《きゅうちゅう》で働く女性の下級官僚

女房《にょうぼう》の下には、「女官」という**下級の働く女性**がいます。格子《こうし》・簾《すだれ》などの上げ下げをしたり、灯《とも》火《し》（大殿油《おほ(オ)となぶら》）をつけたり、火鉢（炭櫃《すびつ》・火桶《ひを(オ)け》）を運んだりします（134・137・162ページ参照）。

文中では、ただ「にょうくゎん」とだけ出てくることが多いので、具体的な役職名の一つ一つは知る必要はありません。

◆「女官」のなかにも上級女官はいます。文章中では上級女官は、「典侍・内侍」（113ページ参照）などと役職名で登場します。ただ「女官」とだけ出てくる場合は下級女官です。

97

下《しも》仕《づかへ》《ツカエ》の女《をんな》《オンナ》 ＝ 雑用をする女性

女《め》の童《わらは》《ワラワ》 ＝ 雑用をする少女

女官の下には、**雑用係**の女性・少女がいます。身分の高い人のお手紙を相手先に届けたり、そのお返事をもらって帰ったりします。お花や食べ物などの贈り物の配達をすることもあります。あるいは、暗い夜道などで灯火《ともしび》を手に道先案内もします。また、おまる（携帯用便器）を洗ったりもします。この係を**樋洗《ひすまし》女・樋洗童**といいます。

98

乳母《めのと》 ＝ 養育係

中宮《ちゅうぐう》をはじめとする天皇の妻たちは、妊娠すると**乳母**を雇い、**実家で出産・育児**をしました。乳母の最も大切な仕事は、生まれてきた子どもにお乳を与えることでした。お乳をあげるといっても、当時は粉ミルクや哺乳瓶《ほにゅうびん》はありませんから、乳母自身のお乳を与えます。お乳が出るということは、乳母自身が産後間《ま》もない女性だということです。

産みの実母もお乳は与えますが、当時は栄養事情が悪く、お乳の出が十分でないことが多かったので、乳母に助けてもらうのです。逆にいうと、乳母の子どもは少し取られてかわいそうですが、同じ子どもでも身分の高いほうが優先された時代でした。乳母は、そののちも、天皇の子どもがある程度大きくなるまで、**養育係**としてお仕《つか》えします。とても大切な仕事なので、**中宮付《づ》きの女房《にょうぼう》と同格の扱い**を受けます。

乳母の実の子を「**乳母子《めのとご》**」といいます。少し大きくなると、乳母子も宮中《きゅうちゅう》に入り、天皇の子どもの付き人《びと》となります。小さいうちは遊び相手、大きくなると男子は**随身《ずいじん》**（104ページ参照）、女子は**女房《にょうぼう》**として働くのです。同じお乳を飲んだ仲ですから、ふつうの主従関係以上の親密さを持っています。天皇の子どもも、乳母や乳母子に対しては、身内同然の親しみを抱《いだ》いていて、一生面倒を見てやったりもします。

宮中《きゅうちゅう》文学には、乳母《めのと》・乳母子《めのとご》がよく出てきます。とても重要な存在ですからしっかり覚えておいてください。

ついでにいうと、天皇の妻だけでなく、摂政《せっしょう》・関白《かんぱく》・大臣（89・98ページ参照）などの貴族の妻も、出産時には乳母を雇います。

第4章

プライベートも興味シンシン
う〜ん、ゴージャス!!

貴族の私生活

宮中で働く貴族にも私生活があります。宮中の近くに邸を建て、家族と住みました。貴族の家族の呼び名と邸の構造を覚えます。

また、建物の外まわりや室内装飾なども学びましょう。

1 貴族の家族の呼び名

北《きた》の方《かた》は方角じゃない！ 君《きん》達《だち》はＹＯＵじゃない!!

宮中《きゅうちゅう》に出仕《しゅっし》している貴族にも、私生活があり、家族がいます。第1章で述べた「一般的な家族の呼び名」に加えて、貴族特有の呼称も知っておきましょう。

たとえば、「正妻」を意味する「北の方」をうっかり〝北の方角〟と間違えたり、「貴族の息子や娘」を意味する「君達」を〝あなたたち〟と勘違いして、お話が見えなくなることがあります。貴族の家族ひとりひとりの呼び名を列挙しますので、覚えてください。

99

主《ぬし》＝世帯主である貴族
殿《との》＝（世帯主である）貴族

一家の長《ちょう》は、「殿」「主」「主の殿《ぬし》」などと呼びます。「殿」は、**世帯主**だけでなく**貴族のすべて**にも使われます。文脈をよく見てください。

入試問題4
ℓ.13「殿」

子どもたちから見ると、一家の長は父親です。「父大臣《おとど》」「父大納言《だいなごん》」などと、役職名の上に続《つづき》柄《がら》を入れたりもします。また、「父」は「てて」ともいいます。

昔は一夫多妻ですので、別居している妻もいます。別居の場合は妻の実家へ通《かよ》い婚《こん》しますので、「**主のおはします**」（旦那様が通っていらっしゃる）という表現もあります。

100 北《きた》の方《かた》＝正妻 ／ 上《うへ》《ウエ》＝妻

＊「上」は天皇の意味もある

貴族の**妻**は、「上」といいます。ただし、「上」は「天皇」の意味にも使われます（51ページ参照）。**場面や文脈や性別の特徴**などをよく見てください。また、何人かの人物が**列挙**されている場合は、**位の高い者から順に並べる**のですから、それによっても判断できます。たとえば、「殿、上など…」とあれば、順番からいって、「上」が「殿」よりも下であることがわかり、天皇ではなく殿の妻だとわかります。上智大が、この「上」を判断させたことがあります。また、「〔人物〕の上」もその人の妻だとわかりますね。

「北の方」は、貴族の**正妻**をいいます。寝殿造《しんでんづく》り（貴族の邸《やしき》）の「**北の対**《たい》」を正妻の住まいとしたからです（128ページ参照）。ただし、貴族の男性のなかには、生涯《しょうがい》どの妻とも同居しないで、それぞれの妻の実家へ通《かよ》い続けるタイプの人もいました。それでも、正妻は「北の方」と呼びます。中世になると、「御台所《みだいどころ》」「御台《みだい》」というい方もあります。

あまり入試には出ませんが、摂政《せっしょう》・関白《かんぱく》の正妻は「北の政所《まんどころ》」ともいいました。摂政・関白は「政治の場所」の中枢《ちゅうすう》におり、その「北の方」ということでしょう。

入試問題6
ℓ.1「上」
そばに女房がいるのがポイント。

入試問題4
ℓ.6、ℓ.9
「上」

入試問題4
ℓ.5、ℓ.8、
ℓ.15「北の方」

101 君達《きんだち》・公達《きんだち》＝貴族の息子や娘（たち）

「君達」も「公達」も「**きんだち**」と読みます。**貴族の子ども**のことです。「達」とありますが、単数にも複数にも使います。漢字の読み書きも問われます。

入試問題4
ℓ.13「君達」

息子にも**娘**にも使いますので、服装や髪形や文脈などを総合的に判断して、男子か女子か見極める必要があります。名古屋女子大が、**性別判断**をさせたことがあります。

息子・娘とも、**幼少**のうちは**母方《ははかた》の家**で育てられます。**男子**は、成人式（元服《げんぷく》）とともに結婚して別の居《きょ》を構えるか、宮中《きゅうちゅう》に部屋（曹司《ざ(ゾ)うし》）をもらい、**宮中出仕《しゅっし》**します。**女子**は、成人式（裳着《もぎ》）ののち、**天皇の妻**として入内《じゅだい》したり、**上臈女房《じょうろうにょうぼう》**として宮中に出仕したり、**貴族の妻**となったりします。貴族の妻となった場合は、夫の邸《やしき》（寝殿《しんでん》造《づく》り）の対屋《たいのや》（128ページ参照）に入って同居するか、実家に残って相手が通《かよ》ってくるのを迎えるかのどちらかになります。

また、古文では「女」と書いて、「むすめ」と読む場合があります。単独で「女」と出てくると女性のことですが、「源師光《みなもとのもろみつ》の女」「大納言《だいなごん》の女」などと、男の名前や役職名の続きに出てくると、その男性の「娘」のことです（36ページ参照）。

102

若君《わかぎみ》＝貴族の息子

姫君《ひめぎみ》＝貴族の娘

貴族の息子を「若君」、**娘**を「姫君」ともいいます。天皇家（皇族）の息子を「若宮」、娘を「姫宮」というのと比較対照して覚えましょう（61ページ参照）。成人すると、「男君」「女君」といったりもします。

入試問題4　問1　a～e「若君」
入試問題9　ℓ.2「姫君」

兄弟姉妹の順に、「**一の君・二の君…**」ともいいます。天皇家の場合は「一の宮・二の宮…」でしたね（61ページ参照）。また、**姉妹**の場合は、「**大君《おほ(オ)いぎみ》・中《なか》の君・三の君…**」という言い方もあります。

入試問題4
ℓ.6「九の君」
ℓ.9「四の君」

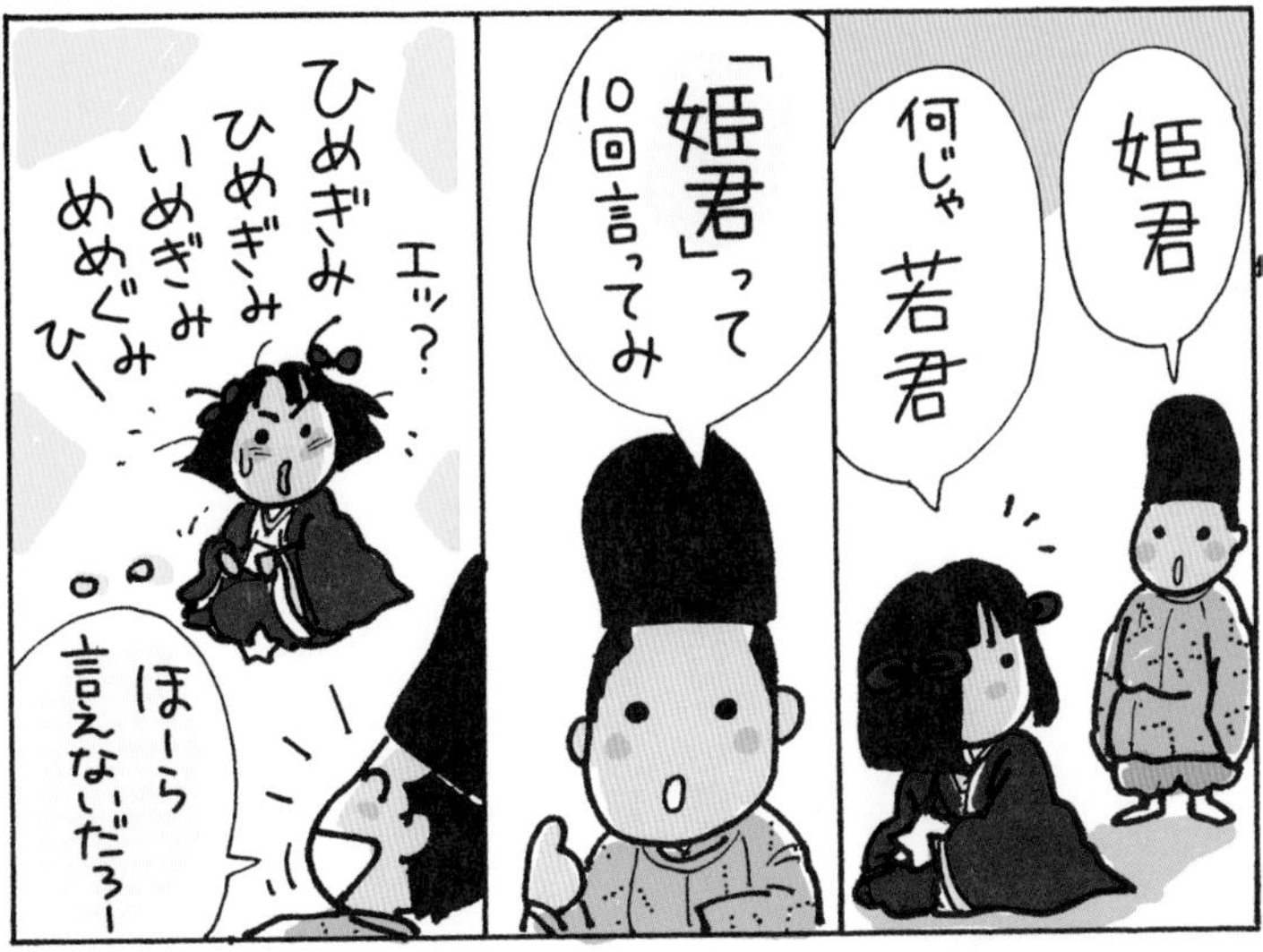
姫君
何じゃ 若君
「姫君」って10回言ってみ
エッ?
ひめぎみ ひめぎみ いめぎみ めめぐみ ひー
ほーら言えないだろー

み……
あ、違った
み…
二の宮さ…じゃなくて
みゃーみゃー
三の宮さま
姫宮でいーよー
しつれいしました
一の宮
二の宮
キャハハ
みゃーみゃーみゃー

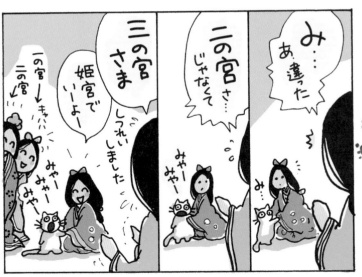

2 貴族の邸 ～寝殿造り～

こんな豪邸に住みた～い！

第2章で天皇一家の住まい（宮中《きゅうちゅう》）を説明しましたが、ここでは貴族の住まい「寝殿造《しんでんづく》り」について話します。第3章で多くの貴族たちの役職を挙げましたが、彼らは職場である宮中の近くに邸宅を構えました。

貴族は私生活のすべてを宮中にならって模倣《もほう》しました。建物も、宮中をまねて簡略化（ミニチュア化）しましたので、宮中の建物と比較対照して理解しておくのがよいと思います。各項目に第2章の「宮中の建物」の参照ページを記していますので、そのつど対照してください。

「寝殿造り」については、受験生が当然知っているものとし、入試では〔注〕を出しません。どの建物がどんな使われ方をしたのか、だれが住んでいたのかをきちんと暗記しましょう。そういうことを知らないと読めない文章もあります。

また、宮中の建物と寝殿造りの建物の名前を区別して覚えておくことによって、入試の文章の場面が宮中か貴族の邸《やしき》かを判断することもできます。

103 寝殿《しんでん》 ＝ 貴族の邸《やしき》の正殿《せいでん》

貴族の私邸《してい》は、宮中《きゅうちゅう》をまねて造られました。この建築様式を「**寝殿造り**」といいます。宮中の中心に「紫宸殿《ししんでん》」があるように、寝殿造りの中心に「**寝殿**」と呼ばれる建物があります。**行事やお客様の接待**に使われる正式の御殿《ごてん》（正殿《せいでん》）です。うっかりすると、文字面からベッドルームと勘違いしそうですが、「メインルーム」「VIPルーム」ですから注意しましょう。また、**邸の主人の居間《いま》**としても使われます。

「寝殿」は、敷地の中央に南向きに建っているので、「**南殿《なんでん》**」「**南面《みなみおもて》**」ともいいます。さらにその南に**庭**があります。宮中の正殿である「紫宸殿」も「南殿」といい、その南には庭がありましたね（65ページ参照）。

庭に山（築山《つきやま》）や小川（遣水《やりみづ（ズ）》）や橋（反橋《そりはし》・平橋《ひらばし》）を架《か》けた池を造り、四季の草木を植え、**風流な贅沢《ぜいたく》**を楽しみました。庭の東と西には寝殿から長い廊下がのびていて、それぞれの廊下の南端には、池に臨む形で「釣殿《つりどの》」「泉殿《いづ（ズ）みどの》」があります。納涼《のうりょう》や宴会に使われました（129ページ参照）。

入試問題1
ℓ.1～2、問1
邸の庭の描写。

◆「南殿」は、寝殿の場合は「なんでん」と読みます。紫宸殿の場合は、「なでん」「なんでん」の二つの読みがありますが、入試で区別を問われることはありません。

104

対屋《たいのや》 ＝ 貴族の妻や子どもたちの部屋

「寝殿《しんでん》」の北と東と西に「**対屋**」と呼ばれる建物があり、それぞれ「**北**《きた》**の対**《たい》」「**東**《ひがし》**の対**《たい》」「**西**《にし》**の対**」と呼びました。南は「庭」なので対屋はありません。

「対屋」には、貴族の**おもだった妻や子どもたち**が住みました。宮中《きゅうちゅう》の「後宮《こうきゅう》」に相当します（64・68・69ページ参照）。

　後宮の七殿五舎《しちでんごしゃ》が建物の名前であると同時に妻たちの呼び名としても使われたように、「北の対」「東の対」「西の対」も**その建物に住んでいる人物**を意味する場合もあります。「〜の対」と出てきたら、その邸《やしき》の主《あるじ》の**家族**だと判断してください。

　三つの「〜の対」のうち、最も重要なのは「**北の対**」です。多くの場合、ここには第一夫人が入りました。そこで正妻のことを「**北**《きた》**の方**《かた》」ともいいます（122ページ参照）。北が敷地のいちばん奥なので、いちばん大切な女性をしまい込んだのでしょうか。今でも、妻を「奥さん」というのは、このなごりです。

　寝殿とそれぞれの対屋は、渡り廊下で結ばれていました。この渡り廊下を「**渡殿**《わたどの》」といいます（142ページ参照）。妻と愛し合うときは、夫が妻の部屋へ出向いていきます。邸のなかに同居しながら、部屋を訪《たず》ねる通《かよ》い婚《こん》をするのです（24ページ参照）。

寝殿図

渡殿
西の対
北の対
渡殿
東の対
寝殿
中門
遣水
階隠の間
階隠
庭
中の島の反橋
泉殿
釣殿
中の島
池
築山
平橋
寝殿造
設計図

105 御《み》階《はし》＝宮中《きゅうちゅう》や貴族の邸《やしき》の階段

宮中や貴族の邸（寝殿造り《しんでんづくり》）など、**高位の住まいの階段**は、敬意を込めて「御階」といいます。意味は漢字のとおりです。「**みはし**」の読みがときどき入試に出ますから、覚えておきましょう。

ついでにいいますと、宮中の「御階」は**比喩《ひゆ》的**に「**かささぎ（鵲）の橋**」といったりもします（181ページ参照）。和歌に多い表現です。

106 階《はし》隠《がくし》の間《ま》＝屋根をかけた階段の先の板の間《ま》

貴族の邸（寝殿造り）の中央正面にある寝殿の**階段**には、**屋根**がついています。牛車《ぎっしゃ》や輿《こし》などをここに寄せ、雨に濡《ぬ》れずに階段を上がって寝殿に入るためです。寝殿はお客様をお迎えする場でもあるので、こういう配慮をしたのでしょう。ちょうどホテルのエントランスと同じです。「階」は階段、「隠」は屋根で覆《おお》うこと、「間」は場所のことです（129ページ参照）。

参考

107 御《み》荘《ソウ》《さう》

＝①荘園《しょうえん》・貴族の私有地
②大富豪の貴族

建物ではありませんが、ついでに触れておきます。貴族は地方のあちこちに私有地を持っていました。いわゆる「**荘園**」のことです。**管理人**を置いて農民に田畑を作らせ、穀物を得ることで財力をふやしました。荘園の所有の権利証を「御荘の券《けん》」といいます。

また、その荘園の主人という意味で、**大富豪の貴族**そのものも「御荘」といいます。

インテリ貴族はインテリアに凝《こ》る

貴族の邸宅「寝殿造《しんでんづく》り」に関する大きな建物の説明は終わりましたが、建物の内装や外装についてこれからお話しします。

内装・外装については、それがどんなものであるかを入試で問うことはあまりありませんが、知っていたほうが文章が読みやすくなります。神経質に暗記しようとしなくてもかまいませんので、読んで理解してください。また、イラストのついているものは視覚的に印象づけるのがよいと思います。

入試で設問に取り上げるのは、難しい漢字の読み書きです。国公立・私立を問わず、難易を問わず、全レベルの大学が問題にしますので、しっかり暗記しましょう。

これから列挙するさまざまな内装・外装は、貴族の邸宅だけでなく、第2章にあげた宮《きゅう》中《ちゅう》のいろいろな建物にも共通のものです。もともと貴族が宮中を模倣《もほう》したのですから、似《に》通《かよ》っているのは当然のことですね。

内装……間仕切りや建具など

108 しつらひ《イ》 ＝ 部屋の設備や装飾

部屋の**設備**や**装飾**を「しつらひ」といいます。今でいう**インテリア**（内装や調度品）のことだと理解してください。家具や装飾品を設置することを今でも「しつらえる」といいますね。私たちがカーテンや壁紙の色模様を楽しむように、昔の人も屏風《びょうぶ》や襖《ふすま》に絵や歌を記した色紙《しきし》を張ったり、几帳《きちょう》（138ページ参照）の布の色合せを工夫したりして楽しんだのです。

入試問題3　ℓ.3「御しつらひ」
入試問題6　ℓ.2「しつらひ」

109 妻戸《つまど》・遣戸《やりど》 ＝ 出入り口に取り付けた扉

「妻戸」は開き戸で、「遣戸」は引き戸ですが、どのみち「〜戸」だから扉とわかれば十分です。「遣戸」は、「**やりど**」の読み書きを問われます。扉を片側へ遣《や》るので「遣戸」というのです。

遣戸

妻戸

110 格《かう》《コウ》子《し》 ＝ 細い角材を縦横に組んだ建具《たてぐ》

窓や出入り口に取りつける建具で、柱と柱の間に上下二枚を取りつけます。天気のよい昼間は、上を外側に吊《つ》り上げます。宮中《きゅうちゅう》でも貴族の邸宅（寝殿造《しんでんづく》り）でも使われました。「格子」を丁寧に「御《み》格子」ともいいます。

「**御格子まゐ《(イ)》る**」は、訳を問われる重要語です。「**格子をお上げする**」と「**格子をお下ろしする**」の両方の意味があります。文脈判断してください。

格子の上げ下げは、宮中では、天皇の部屋は蔵人《くろうど》が、天皇の妻の部屋は女官《にょうかん》がします（99・116ページ参照）。貴族の邸《やしき》では使用人が行います。低位の人が高位の人のためにする動作なので、「まゐる」という**謙譲語**を使うのです。

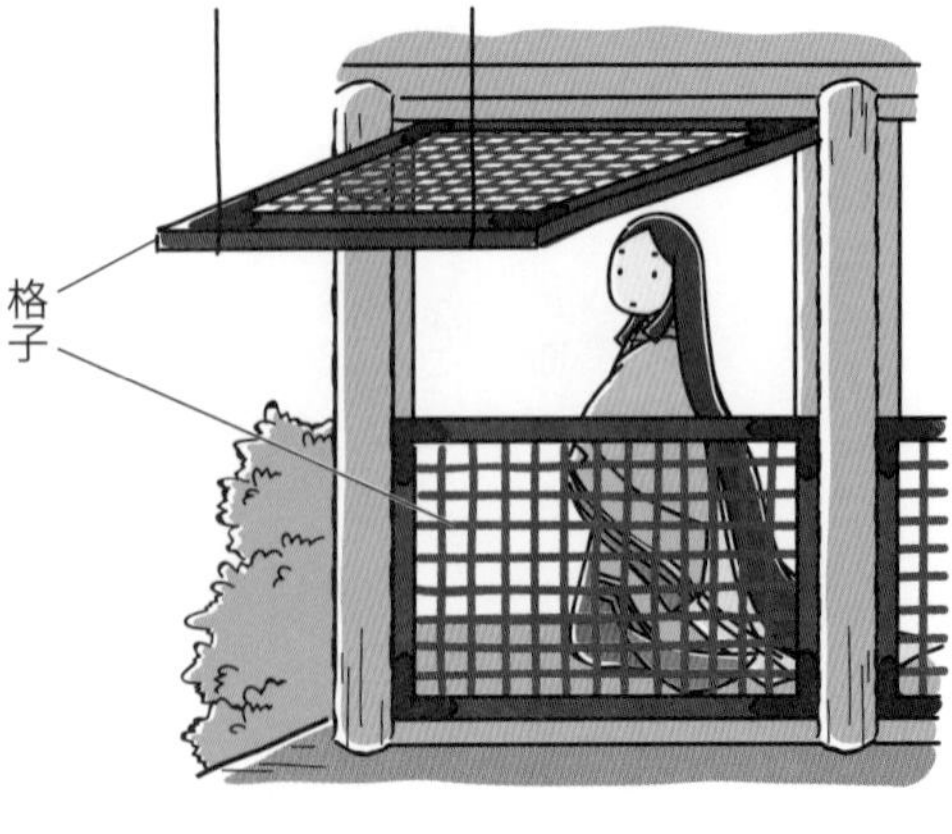

111 蔀《しとみ》・半蔀《はじとみ》 ＝ 格子《こうし》の裏に板を張った建具《たてぐ》

光や雨風を防ぐための扉です。今でいう、雨戸のような働きをします。格子と同じように、柱と柱の間に上下二枚を取りつけます。天気のよい日は、下の部分は立てておき、上の部分を金具で吊《つ》り上げました。

「蔀」は上下とも裏に板を張ってあるのですが、「半蔀」は上半分だけが蔀（裏板あり）で、下半分が格子（裏板なし）になったものです。が、そんな細かいことは入試には出ません。**室外と室内を遮《さえぎ》るための建具**であると知っておけば十分です。「**しとみ**」「**はじとみ**」ともに、漢字の読み書きは入試に出ます。

ついでにいうと、「**立蔀**《たてじとみ》」というのもあって、同じく格子に裏板を張ったものですが、文字どおり**衝立**《ついたて》として使います。室内の目隠しや間仕切りにも使いますし、庭先に立てて部屋のなかが見えないようにすることもあります。

112

障《ソウ》《さう》《しゃう》《シヨウ》子《じ》《じ》＝**襖**《ふすま》

明《あかり》《あかり》障《ソウ》《さう》《しゃう》《シヨウ》子《じ》《じ》＝障子《しょうじ》

「障子」は「しゃうじ」とも「さうじ」とも読みます。読めとはあまりいわれませんが、文章中にひらがなで出てくるかもしれません。

「障子」は今の**襖**で、逆に今の**障子**は「明障子」といいます。もともと「障子」とは、外部からの視線の障壁となるべき建具《たてぐ》のことで、厚い板戸なのです。それを装飾用にし、外の光を取り込んだのが、和紙を使った「明障子」です。

襖には、絵や和歌を記した色紙《しきし》を張って、装飾とすることもありました。

113

長押《なげし》＝柱から柱へ横に渡した材木

柱と柱を横につなぐ材木を「長押」といいます。柱の上のほうを「上《うは(ワ)》長押」、下のほうを「下《しも》長押」といいます。「上長押」は今でいう**鴨居**《かもい》の側面、「下長押」は**敷居**《しきい》の側面に取り付けました。

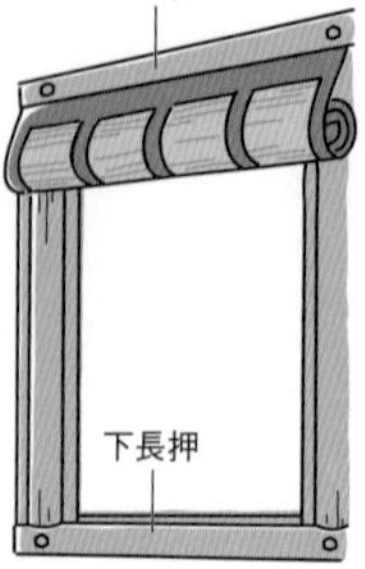

114 簾《すだれ》・御簾《みす》・玉垂《たまだ》れ ＝ すだれ

蔀《しとみ》や格子《こうし》を上げて外の光や風を入れようとするときには、外から部屋のなかが見えないように「簾」を下ろしました。「簾」を丁寧に「御簾」「玉垂れ」ともいいます。「御簾」は「**みす**」と読みます。漢字の読み書きが頻繁に出されています。「玉」は美称です。

平安時代の女性は、交際相手にしか顔を見せませんでした。だから、交際相手以外の殿方《とのがた》と話すときは、簾越しに応対しました。ふつう、女性が男性の部屋へ訪《たず》ねていくことはありませんので、男性が庭先の縁側（簀子《すのこ》）に座《すわ》り、簾をはさんだ室内に女性がいて、会話を交《か》わします。文章中に「**簾の外《と》の人**」「**簾の内の人**」などと出てきたら、**外が男性**で**内が女性**と判断できますね。

親密にならなければ女性の顔を見られないので、当時の男性はよく女性の顔を覗《のぞ》き見（垣間見《かいまみ》）しました（15ページ参照）。『源氏《げんじ》物語』の〈野分《のわき》の巻〉には、源氏の最愛の妻である紫《むらさき》の上《うえ》を、源氏の息子夕霧《ゆうぎり》が盗み見る場面があります。野分（台風）にあおられて偶然に簾が巻き上がり、夕霧は義母・紫の上の美しさに見惚《ほ》れます。入試によく出る場面です。

115 几《き》帳《チョウ》《ちやう》＝目隠しや間仕切りに使う可動式の布の衝立《ついたて》

四角い台にT字の組木を立て、これに布（帳《ちやう》）を垂《た》らしたものです。「御《み》几帳」ともいいます。

外から室内を覗《のぞ》かれないように、簾《すだれ》のさらに内側に**目隠し**としてこれを立てました。また、広い板敷きのワンルームを、細かく部屋割りするための**間仕切り**としても使います。季節によって帳の布地の厚さや模様を変えて、装飾としても楽しみました。

次ページの絵のように、ひとつの几帳に何枚かの布（帳）が下がっています。上のほうは美しい色糸で縫い合わせてあります。下のほうは綴《と》じずに分かれていて、その部分を「**几帳のほころび**」といいます。最初からわざと縫い合わせていないのであって、破れてほどけたわけではありませんが、ほころびているように見えるのでそう呼びました。

入試問題6　問1　イ「大きなる几帳」
入試問題9　ℓ.5、問1C「几帳」

簾と同じように、**女性が男性と接する**ときは、**几帳を隔《へだ》てて会う**のがふつうでしたが、「几帳のほころび」から、女性の重ね着の美しいグラデーション（色の濃淡）を見せて装飾としました。これを「**打出《うちいで》の衣《きぬ》**」といいます（158ページ参照）。

また、高貴な女性が渡り廊下を歩くときは、傘《かさ》のような几帳を女房《にょうぼう》がさしかけます。

入試問題5　ℓ.2
「几帳どものほころび」

116 帳《チョウ》《ちやう》台《だい》・御《み》帳《チョウ》《ちやう》 ＝ ①寝台 ②御座所《ござしょ》

＊五節《ごせち》の舞《まい》の試楽《しがく》の天皇特別席

板敷きの床《ゆか》に黒塗りの一段高い床《とこ》を作り、畳《たたみ》を敷いてベッドにしました。天井《てんじょう》があって、四方に布（帳《ちやう》）を垂《た》らした寝台なので「帳台」といいます。また、丁寧に「御帳台」「**御帳**」ともいいます。宮中《きゅうちゅう》でも貴族の邸《やしき》でも使われました。

天皇が寝るための御帳台は、宮中の清涼殿《せいりょうでん》（天皇の私生活の場）の「夜の御殿《おとど》」や「昼の御座《おまし》」

表

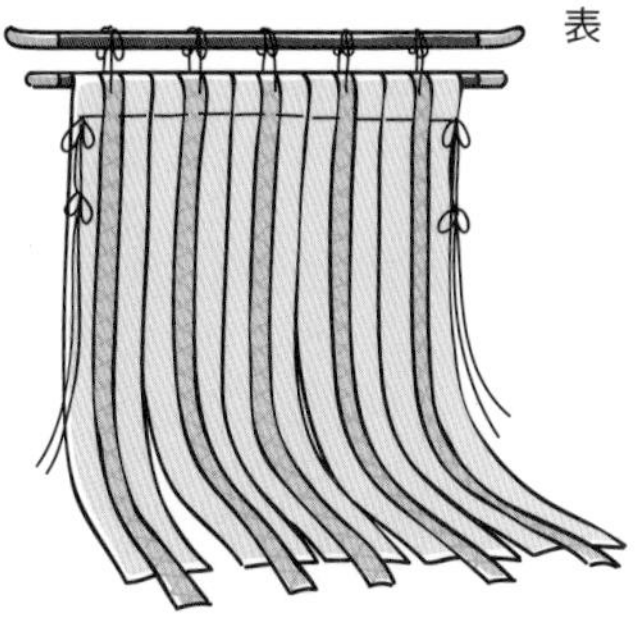

裏

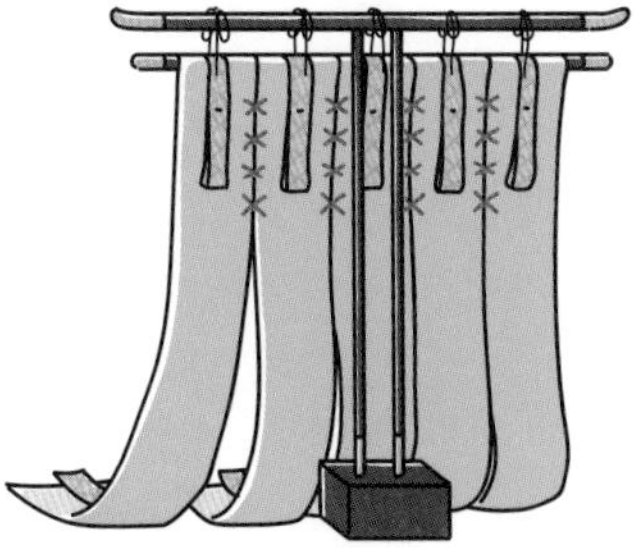

という部屋にありました（67ページ参照）。

宮中《きゅうちゅう》の常寧殿《じょうねいでん》にも帳台《ちょうだい》があります。が、こちらは寝台ではなく、天皇が儀式をご覧になるための特別席（御座所《ござしょ》）でした。この建物で行われる有名な儀式に五節《ごせち》の舞《まい》（174ページ参照）があります。天皇が五節の舞の試楽《しがく》（リハーサル）をご覧になることを、「**帳台《ちゃうだい》の試《こころ》み**」といいます。難関大学志望者は、念のため覚えておいてください。

理解のために清涼殿《せいりょうでん》や常寧殿の名前を出しましたが、どの部屋に帳台があったかなどということは、受験生は知る必要はありません。「帳台・御帳《みちゃう》」が原則として**寝台**であり、「帳台の試み」が天皇による**五節の舞の試楽見物**であったことだけ暗記してください。

外装……建物の外まわり

117 母屋《もや》＝建物の中央の間《ま》

建物の**中央部分**の部屋を「**母屋**」といいます。母屋のまわりは簾《すだれ》や几帳《きちょう》や建具《たてぐ》で仕切ってあります。

母屋のぐるり外側には「**ひさし**」という板間があります。広い廊下のように見えるのですが、部屋として使いましたので、**細長い板の間**だと理解してください。現代語の庇は屋根の軒《のき》の部分をいいますが、古文では張り出した屋根の下の床《ゆか》の部分をいいますので、気をつけましょう。廂までが家の中になります。「日差《ひさ》し」の語源どおり、今でいうサンルームです。「ひさし」のまわりにも

廂《ひさし》・庇《ひさし》＝母屋の四面にある細長い板の間《ま》

簾や几帳を適宜使います。

「ひさし」は「廂」とも「庇」とも書きます。漢字の読み書きが入試に出ます。

118

簀子《すのこ》 ＝ 縁側

廂《ひさし》の間《ま》の外側には「簀子」と呼ばれる**縁側**があります。141ページのイラストで確認してください。簀子には雨風を防ぐ建具《たてぐ》の取りつけがありません。雨などが降ると濡《ぬ》れる、いわゆる〝濡れ縁《えん》〟です。雨露《あめつゆ》がたまらないように板と板の間《あいだ》に隙《すき》間《ま》が作ってあります。今私たちが押入れのふとんなどの下に入れる簀《す》の子《こ》も同じように隙間があいていますよね。そのような形の、長い縁側だったと思ってください。

ふと立ち寄った程度の来客（男性）なら、沓《くつ》を脱がずに簀子に**腰掛《こしか》け**て話をします。

漢字の読み書きは入試頻出です。

119

渡殿《わたどの》 ＝ 渡り廊下

建物と建物をつなぐ**渡り廊下**を、「渡殿」といいます。宮中《きゅうちゅう》にも、貴族の邸宅（寝殿造《しんでんづく》り）にもあります。「渡殿」を「渡《わた》さん」という殿《との》だと勘違いして、とんでもない文章の読み違いをした受験生がいます。気をつけましょう。漢字の読み書きは入試頻出です。

120 透垣《すいがい》 ＝ 向こうが透《す》けて見える垣《かき》

板や竹で作った**垣根**で、間《あいだ》を透かして作ったものを「透垣」といいます。漢字の読み書きは入試頻出です。「**すいがい**」と読みます。

平安時代の男性は、この透垣からよく**垣間見**《かいまみ》をします（15ページ参照）。あわよくば、女性の顔を覗《のぞ》き見ようとしたのです。

透垣のほかにも、**籬**《まがき》・**小柴垣**《こしばがき》が、垣根の一種であることぐらいはわかっておいてください。

121 切掛《きりかけ》 ＝ 板で作った塀《へい》

板を切って、柱に打ちつけて立て掛けたので、「切掛」といいます。横板を縦に積み上げた形の**塀**です。庭先や入口などに立てました。

透垣

切掛

122 築《つい》地《ぢジ》 ＝ 土《ど》塀《べい》

地面の土を築き固めた塀なので、「築地」といいます。漢字の読み書きは頻出です。「ついぢ」と読みます。貴族の邸《やしき》に多く用いられました。

123 遣《やり》水《みづミズ》 ＝ 庭に造った小川

貴族の邸宅（寝殿造《しんでんづく》り）の庭には、人工的に山や池や小川を造りました。その小川を「遣水」といいます（129ページ参照）。水を向こうへ流し遣るので、そう呼びました。漢字の読み書きは頻出。

第5章

着てみたい、持ってみたい、乗ってみたい…
想像するだけでもワクワクするヨ!

服装と調度品・乗物

皇族・貴族のファッションを学びます。服装による男女の区別や、正装かふだん着かの区別を要求する入試問題も出ています。

調度品や乗物も覚えましょう。難関大学がよく出題します。

1 皇族・貴族の衣装

超豪華な平安朝ファッション

宮中《きゅうちゅう》にいる皇族・貴族の衣装について説明します。現代と違って、男性の衣装と女性の衣装はまったく異なります。また、政治や行事を取り行う公的な場では必ず正装で着飾り、家庭生活やレジャーなどの私的な場ではふだん着を着用しました。

男性の着るものか女性の着るものかの性別判断と、正装かふだん着かの公私の区別ができるようにしましょう。入試において重要な暗記事項はその二点です。あとは、衣装にまつわる当時の慣習を理解してください。読みにくい漢字の読み書きも頻出です。

124 装《さう》《ソウ》《しやう》《ショウ》束《ぞく》《ぞく》・御《おん》衣《ぞ》＝着物

すべての**着物**を総称して「装束」「御衣」といいます。「**さうぞく**」「**おんぞ**」ともに、漢字の読み書きを問われます。

昔は**着物が最高のご褒美**《ほうび》でした。天皇や中宮《ちゅうぐう》や摂政《せっしょう》・関白《かんぱく》・大臣などの高位の人が、お召《め》しの着物を脱いで肩にかけてくださるのです。文章中には、「装束をたまふ（＝着物をお与えになる）」や「御衣を賜《たま》はる（＝お着物をいただく）」などと出てきます。また、「**被**《かづ》**く**」という表現もあって、褒美を「①**与える** ②**いただく**」の両方の意味を持っています。文脈判断しましょう。

「さうぞく」には、動詞「装束《さうぞ》く」もあります。「装う・着飾る」の意味はわかりますね。

入試問題7
問1　ロ「被け物」

入試問題6
ℓ.1「さうぞく」

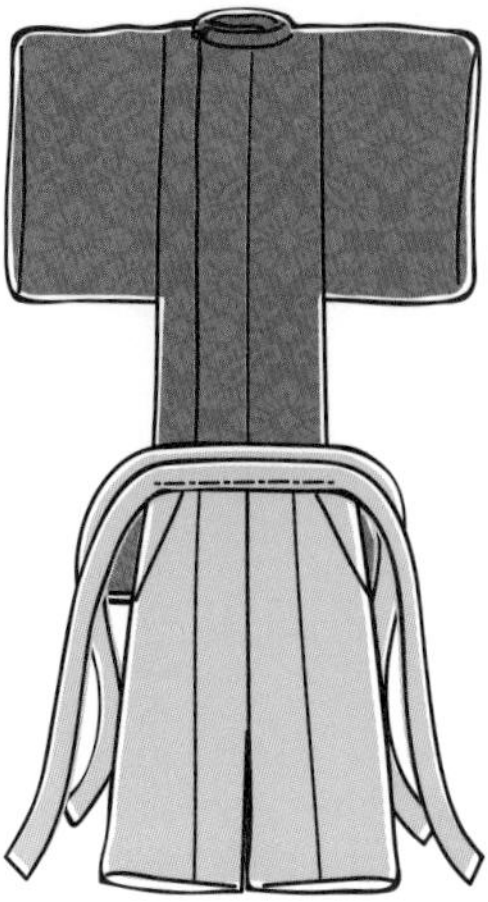

125 束《そく》帯《たい》と冠《かうぶり》《コウブリ》 ＝ 男性の正装

「**束帯**」は次ページのイラストのような衣装です。皇族・貴族の**男性の正装**で、儀式はもちろん、毎日の出勤・会議にも着用します。昼間の衣装なので「**昼装束**《ひのさ(ソ)うぞく》」「**日**《ひの》**装束**」ともいいます。「日装束」は早稲田大が「正装」の意味を答えさせました。また、福岡教育大は束帯の絵を選ばせました。

束帯姿のときは、頭に「**冠**」をのせます。**冠の着用は五位以上**の貴族、つまり上達部《かんだちめ》・殿上人《てんじょうびと》（94・96ページ参照）に限られました。そこから、**五位に昇進**することを、「冠得《う》」「冠賜《たま》はる」といいます。〔注〕や選択肢には「叙爵《じょしゃく》」という難しい現代語が使われることがありますが、これも「五位昇進」のことです。

入試問題6
問1　ハ「束帯」

入試問題7
ℓ.2「かうぶり…賜はりて」
問1　ニ「位階」

貴族の息子の大半は、成人式（元服《げんぷく》）と同時に五位の役職で宮中《きゅうちゅう》に入ります。最初から冠をかぶるわけです。だから、貴族社会では「**元服**」のことを「**初**《うひ》**冠**」「**冠**」ともいいます（42ページ参照）。

ついでにいうと、六位以下の地下《じげ》（97ページ参照）や武家《ぶけ》の男子が成人式でかぶるのは「烏帽子《えぼし》」です。別項で説明します（154ページ参照）。

冠《こうぶり》
単《ひとえ》
笏《しゃく》
袍《ほう》
太刀《たち》
下襲《したがさね》
沓《くつ》
袴《はかま》

126

唐衣《からぎぬ》と裳《も》 ＝ 女性の正装

　女性が十二単《じゅうにひとえ》を着用していたことは知っていますね。平安時代には十二枚ではなく二十五枚くらいの重ね着をしていたそうですが、いちばん上には色柄の豪華な丈《たけ》の短い「**唐衣**」を着ました。「唐衣」を着ると正装、脱ぐと略装となります。だから、「唐衣」は**女性の正装**と覚えてください。

　唐衣を着るときは、「**裳**」を着けます。裳は、次ページのイラストのように、体の後ろの腰から下だけに垂《た》らす布で、装飾用の衣です。上半身だけの唐衣と下半身だけの裳は対《つい》で用いました。女性は成人式（裳着《もぎ》）のときに、初めて「裳」を着けることを許されます（43ページ参照）。

　ついでにいうと、「唐衣・裳」の正装のときは、手に「**扇**《あふ(オウ)ぎ》」を持ちます。昔の女性は交際相手以外には顔を見せなかったので、「扇」で顔を隠す場面がよく出てきます。

入試問題6
問1　ホ「裳・唐衣」

　「唐衣」は漢字の読み書きもよく出ます。「**からぎぬ**」と読んでください。ややこしいことをいいますが、和歌の修辞法の**枕詞**《まくらことば》のなかに「唐衣」という同じ漢字の語があります。こちらは単《たん》に「唐《から》（中国）の衣《ころも》」で、「**からころも**」と読みます。**文章中**は「からぎぬ」で「女性の正装」、**和歌中**は五音の「からころも」で「枕詞」と覚えます。

単《ひとえ》
唐衣《からぎぬ》
扇《おうぎ》
袴《はかま》
裳《も》

127 直《なほ》《ノウ》衣《し》・指貫《さしぬき》・狩衣《かりぎぬ》＝男性の略装・ふだん着

男性の正装「束帯《そくたい》」に対して、略装（ふだん着）を「直衣・指貫」といいます。

「直衣」も「指貫」も、よく漢字の読み書きを問われます。それぞれ「**なほ《(ノウ)》し**」「**さしぬき**」と読みます。

「直衣」は文字どおり直《ただ》の衣（平服）のことで、153ページのイラストのような衣装です。「指貫」は袴《はかま》の裾《すそ》に紐《ひも》を「指《さ》し貫《ぬ》いた」もので、モンペ型のズボンだと思ってください。「直衣」の下には「指貫」を必ず着用しました。

指貫を含む直衣姿は、宿直夜勤のときにも着たので「**宿直装束**《とのゐ(イ)さ(ソ)うぞく》」ともいいます。「束帯・冠《か(コ)うぶり》」姿が「昼《ひの》装束・日《ひの》装束」で「正装」であるのに対し、「直衣・指貫」は「宿直装束」で「略装」です。男性の着衣であることも、登場人物の性別判断に必要ですから覚えましょう。

「狩衣」は、本来は鷹《たか》狩りや蹴鞠《けまり》などのスポーツウエアでしたが、貴族がふだん着としても着ました。下には「指貫」をはきます。

細かく説明しましたが、要するに、「指貫・直衣・狩衣」は**男性のふだん着**と覚えてください。

128

直《ひた》垂《たれ》＝男性の服装

「直垂」は、平安時代は庶民の服装、鎌倉・室町・江戸時代は武士の着衣でしたが、そんな細かいことは覚える必要はありません。「直垂」が、

男性の服であることと、漢字の読み書きだけが、入試に必要な知識です。「ひたたれ」と読みます。

129 烏帽子《えぼし》＝男性貴族の略式の冠《かぶ》り物《もの》

「冠《か(こ)うぶり》」が正式の冠り物であるのに対し、「烏帽子」は**略式の冠り物**です。

貴族の男子は、成人式（元服《げんぶく》）から頭に冠り物をかぶり、宮中《きゅうちゅう》で正式に働くことになります。上達部《かんだちめ》・殿上人《てんじょうびと》（94・96ページ参照）などの五位以上の貴族は、正装のときは「冠」、ふだん着のときは「烏帽子」をかぶります。「烏帽子」は153ページのイラストのように、まっ黒で形も烏《からす》のようだからそう呼ばれました。

六位以下や武家《ぶけ》の男子は冠は許されていないので、成人式（元服）のときに烏帽子をかぶります。親戚のおじさんが烏帽子をかぶせ、宮中に出仕《しゅっし》するうえでの身元保証人（親代わり）になってくれます。そこで、そのおじさんを「**烏帽子親**《えぼしおや》」、成人した男子を「**烏帽子子**《えぼしご》」といいます。古文にはあまり必要のない知識ですが、現古融合文には必要です。

冠り物は成人男性の**尊厳の象徴**です。人前で脱ぐことは無作法とされました。また、相手の冠り物をはたき落とすのは侮辱を意味し、このような無礼な行為に及ぶと左遷《させん》されることもありました。

130 小《こ》袿《うちき》・袿《うちき》＝女性の略装・ふだん着

正装である十二単《じゅうにひとえ》のいちばん上は「唐衣《からぎぬ》」でしたね（150ページ参照）。「唐衣」を脱いだ姿を「小袿・袿」姿といいます。つまり、**女性の略装**です。この場合、もちろん「裳《も》」も着けません。「袿」は「打《う》ち着《き》」のことで「ちょっと着る」が語源です。つまり、気軽に羽織《はお》ったふだん着なのです。

男性の重ね着にも「袿」はあるのですが、「指《さし》貫《ぬき》、直衣《なほ(オ)し》、袿などひと重ね…」などと出てくれば、「指貫・直衣」が男性だけの着衣なので、この場合は男性の衣と察しがつきますね。逆に、男性だという手がかりがなく、単独で「袿」が出たときは、**圧倒的に女性**です。

131

単《ヒトエ》《ひとへ》・衵《あこめ》・下《した》襲《がさね》・袍《ホウ》《はう》・袷《アワセ》《あはせ》・袴《はかま》・打《うち》衣《ぎぬ》・汗《か》衫《ざみ》

＝重ね着のいろいろな衣

です。頻度は高くありませんが、できるだけ覚えましょう。

男性も女性も多くの着物を重ねて着ていました。それぞれに呼び名があるのですが、ここに列挙した衣については、何枚目のどんな衣なのか、男女どちらの着衣かは、受験生は知る必要はありません。ただ、**着物**であることさえわかっていれば十分です。

見出しのうち「単」を除く衣は、すべて「ころもへん」か「ころも」の漢字がついているのでわかりますね。「単」だけを注意して覚えましょう。

漢字の読みを問われるのは「単＝ひとへ」「下襲＝したがさね」「袷＝あはせ」「汗衫＝かざみ」

132 懐紙《ふところがみ》・畳紙《たたう》《タトウ》《がみ》 ＝ 懐《ふところ》に畳《たた》んで入れる紙

今でいうポケットティッシュです。「畳紙」は「**たたう《(ト)》がみ**」の読みも問われます。

133 挿頭《かざし》 ＝ 花や草木のかんざし

草や木の枝や花を折り、髪や冠に挿《さ》してアクセサリーにしました。これを「挿頭」といいます。いわゆる「**かんざし**」ですが、今と違って**男性も挿す**ことがあります。

入試問題7
問1　イ「挿頭」

行事のときにはそれにちなんだ草花を、お花見のときには桜を挿したりして、風流を楽しみました。また、「**花(を)折る**」という表現は、華やかに着飾る「**風流・オシャレ**」を意味します。

入試問題4
ℓ.13、問1
「花を折り給ひし君達」

134 打出《うちいで》・押出《おしいだ》し ＝ 簾《すだれ》や几帳《きちょう》の下から女性の衣の一部を出すこと

女性は重ね着をしていますが、**袖口**《そでぐち》や**裾**《すそ》が美しいグラデーション（濃淡）となるよう色合わせを工夫して着ました。それを、**簾**や**几帳**の隙間《すきま》（几帳のほころび）から外にこぼれるように出すことがあります（138ページ参照）。外にいる人の目を楽しませるための**風流な美の演出**でした。これを「**打出・押出し**」といいます。また、その出ている部分を「打出の衣《きぬ》・押出し衣《ぎぬ》」といい、つづめて「出《いだ》し衣《ぎぬ》」ともいいます。

牛車《ぎっしゃ》の簾から「打出・押出し」することもあります。その車を「**出**《いだ》**し車**《ぐるま》」といいます。

入試問題5
問1　ホ「女房の袖口」

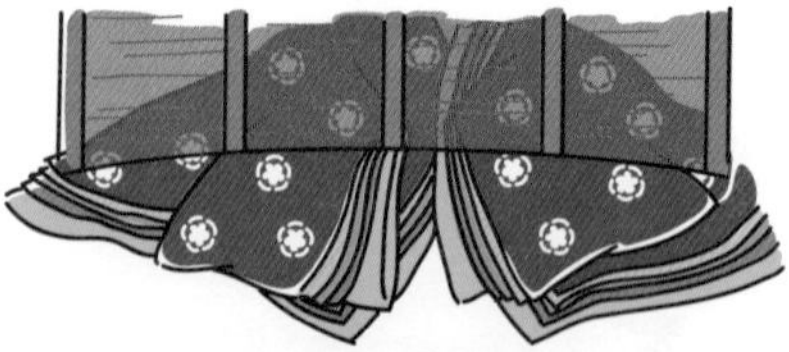

135 禁色《きんじき》＝着ることを禁止された着衣の色

身分のランクによって、着てもよい色と着てはいけない色があります。特に六位以下の**地下**《じげ》（97ページ参照）には、**禁止された色**がたくさんありました。着物の色で、身分差が一目でわかるようになっていたのですね。ただし、**天皇の許可**（**勅許**《ちょっきょ》）があれば、禁色の着衣を許されます。禁色を許された人々を「禁色の人」といいます。

「禁色」は、入試古文にはめったに出ませんが、現古融合文には出るかもしれません。

136 砧《きぬた》＝木槌《きづち》で布地に艶《つや》を出すこと。その道具

着物が汚《よご》れたり、よれよれになったりすると、手で洗ってピンと糊《のり》張りをし、乾いたら板や石の台に布を置いて、木槌《きづち》で叩《たた》いてやわらげ**艶出し**をします。その行為もしくは道具を「砧」といいます。作業をするのは下仕《しもづかえ》の者たちです。

冬支度《じたく》のために秋に作業が多く、哀愁を帯びた「砧の音」が**秋の季語**として和歌にもよく出てきます。

ついでにいうと、着物がよれよれになることは「**萎る**《なる》」といいます。

2 調度品と乗物

アンティークな品々とクラシック・カー

宮中《きゅうちゅう》や貴族の邸《やしき》で使われた、身のまわりの調度品と、外出時の乗り物について説明しましょう。

早稲田大などの難関大学は、文章の空欄に調度品名を入れさせたりします。どの調度品がどんな目的で使われたかを知っていることを前提に、文脈判断させようというわけです。難関大学を受験する生徒は、一つ一つ丁寧に覚えましょう。

調度品・乗物ともに、イラストで視覚的に覚えるのがよいと思います。

また、難しい漢字の読み書きは、全レベルの大学が問題にします。しっかりと暗記しましょう。

調度品……日常の身のまわりの道具類

137 高《たか》坏《つき》・折《をオ》敷《しき》・懸《かけ》盤《ばん》＝食べ物や杯《さかずき》をのせる台や盆

それぞれ少しずつ形が違うのですが、細かい違いは気にせず、**飲食物をのせる台や盆**だったと覚えましょう。「高坏」は入試に読み書きが出ます。また、「高坏」は**燭台**としても使いました。

＊高坏は燭台《しょくだい》としても使う

138 脇《けふキヨウ》息《そく》＝肘《ひじ》をのせる台

座《すわ》ったときに**肘をかけて体を休める台**です。体の脇に置いて休息するところから「脇息」といいます。そのまま眠り込んだりしてしまう場面などもあります。天皇や上級貴族が使いました。高貴な女性も使います。

139

炭《す》櫃《びつ》 ＝ 角《かく》火鉢

火《ひ》桶《をけ》《オケ》 ＝ 丸火鉢

「炭櫃」は角火鉢、「火桶」は丸火鉢ですが、角か丸かの区別は気にせず、**火鉢**とだけ覚えてください。「炭櫃」は漢字の読み書きが問われます。

炭櫃《すびつ》

火桶《ひおけ》

140

大《おほ》《オオ》殿《とな》油《ぶら》 ＝ 高貴な方《かた》の御殿《ごてん》で灯す油の灯火《ともしび》

漢字の読み書きがよく出ます。「おほとなぶら」と読みます。

木製の脚のついた台の上に油皿を置いて、室内用の灯火としました。余談ですが、ことわざ「灯台下《もと》暗し」の灯台はこれですよ。

入試問題6
ℓ.4「炭櫃」

141 銚《チョウ》《てう》子《し》・瓶《へい》子《じ》・提《ひさ》子《げ》 ＝ 酒や煎《せん》じ薬を入れる器

イラストのように、少しずつ形が違いますが、細かい違いは気にせず、**酒や煎じ薬を入れる器**と覚えましょう。

「瓶子」を「へいじ」、「提子」を「ひさげ」と読みます。「提子」の読み書きはよく出ます。

銚子《ちょうし》

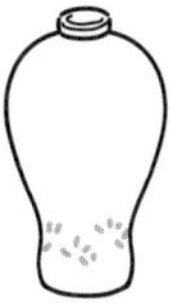

瓶子《へいじ》

提子《ひさげ》

入試問題6
ℓ.4「提子」

142 円《ワロ》《わら》座《ウダ》《ふだ》 ＝ 藁《わら》で作った丸い座《ざ》ぶとん

藁などを渦《うず》巻き状に巻いて平たく編んだ、ひとり用の**座ぶとん**を「円座」といいます。**廂《ひさし》の間《ま》**や**簀子《すのこ》**（141・142ページ参照）に客人を座《すわ》らせるときに使います。「**わらふだ**」と読みます。

143 火《ひ》熨《の》斗《し》・熨《の》斗《し》 ＝ 布のしわをのばしたり温めたりする道具

炭火を入れて、**布のしわをのばし**たり、寒い冬に**着物や敷物を温め**たりするのに使う金属製の器具です。今でいう**アイロン**に当たります。めったに入試に出ないのですが、早稲田大などの難関大学は、調度品を集中的にきくことがあります。用途を知っておきましょう。

入試問題6
ℓ.5「熨斗」

144 泔《ゆする》坏《つき》 ＝ 洗髪や整髪に用いる湯水を入れておく器

昔はシャンプーや整髪料がありませんので、男も女も湯水（泔）に櫛《くし》をひたして髪をときました。**その泔を入れる器**を「泔坏」といいます。設問にあがることはありませんが、知っておくと助かります。

ついでに触れておくと、髪を櫛でとかすことを「**梳《けづ(ズ)》る**・髪《かみ》梳る・頭《かしら》梳る」といいます。特に女性は床《ゆか》に届く長い髪なので、手入れがたいへん！長い黒髪は美人の第一条件だったのですよ。

145

薫物《たきもの》＝香《こう》　火取《ひとり》＝香炉《こうろ》

伏籠《ふせご》・籠《こ》＝香を薫《た》くのに使う籠《かご》

昔の人は毎日入浴できないので、体臭を香でごまかしました。香りのよい木を粉末にし、それを練《ね》って固めたものを「**薫物**」といいます。その固形の香に火をつけ、「**火取**」という器具（香炉）に入れて、上から「**伏籠・籠**」と呼ばれる籠を伏せ、籠に衣服をかぶせて**香りを焚《た》き染《し》め**ました。

入試問題6 ℓ.3「薫物」

入試問題6 ℓ.3「伏籠」

和歌のなかでは、「ひとり＝火取・一人」と「こ＝籠・子」が掛詞《かけことば》、「薫物―火取―籠」が縁語になったりします。道具をセットで覚えておきましょう。

146

神輿《みこし》＝神霊の乗る乗物

御輿《みこし》＝天皇の乗る乗物

お祭りのときに、ワッショイワッショイと神輿を担《かつ》ぎますね。あれは、神社へ**神様の霊**を運んでいるのです。昔も神社や宮中《きゅうちゅう》の行事に「神輿」を出しました。

昔は「神＝天皇」と考えていたので、**天皇**の乗物も「みこし」といいます。こちらは「御輿」と書きます。行事・儀式のときは、これにお乗りになります。早稲田大は、御輿のなかの人物がだれかを問うたことがあります。

147 牛《ぎっ》車《しゃ》・車《くるま》＝牛にひかせる乗物

皇族や貴族の正式の外出には牛車が使われました。牛にひかせ、まわりを多くの部下が取り囲んで行列します。牛車の前には簾《すだれ》がかかっています。牛車のさまざまな部分のうち、「轅《ながえ》」「軛《くびき》」は文章中にときどき出ますので、下のイラストで確認だけしておいてください。

牛車は単に「車」ともいいます。また、女性の乗る牛車を「女車《を(オ)んなぐるま》」ともいいます。

入試問題8
ℓ.1「車」

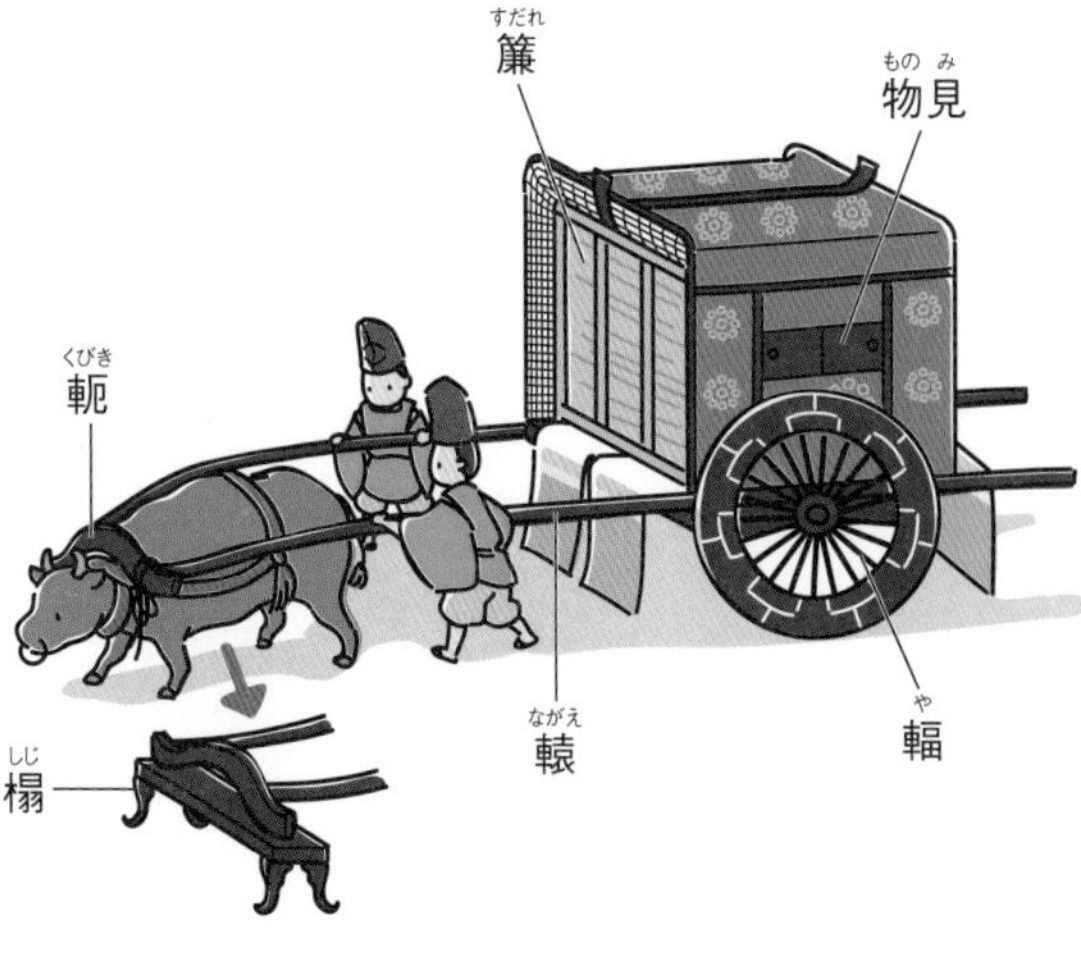

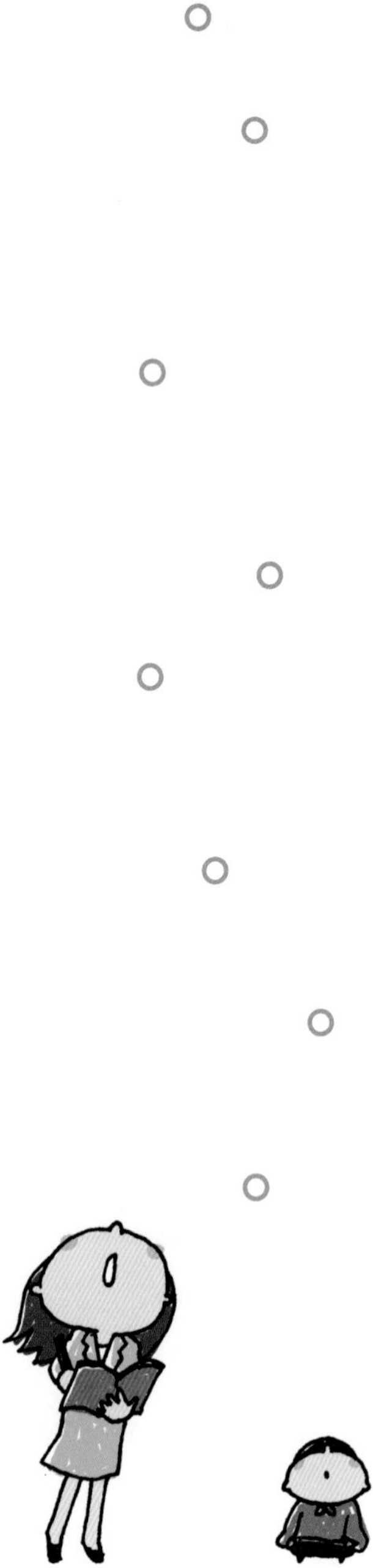

第6章

楽しいイベントがいっぱいっ！
心のオシャレも忘れずに…

宮中行事と教養・娯楽

宮中で行われるさまざまな行事を暗記しましょう。行事は入試頻出です。また、和歌・漢詩などの教養や、日常の娯楽にも触れます。

月を観賞するのも遊びの一つでした。月齢の呼び名も覚えましょう。

季節ごとに行われる豪華イベント

宮中《きゅうちゅう》では、一年のうちにさまざまな行事を行いました。辞書や国語便覧《びんらん》などの年中行事に関する資料には、すべての行事が網羅《もうら》されていて、くわしく説明してあります。けれども、入試古文においては〔注〕を設けて説明してくれるものもありますから、そういう行事は省き、ここでは〝設問にあがる行事〟〝知識がないと読みにくい行事〟に限って説明することにします。

宮中行事のなかに「～節会《せちゑ(エ)》」と名のつくものがいくつかあります。「節会」は今は節句といいますが、文字どおり季節ごとの祝会です。数多くの節会のなかでも特に入試によく出るのは、「白馬節会《あを(オ)うまの》」「端午節会《たんごの》」「重陽節会《ちょうや(ヨ)うの》」「豊明節会《とよのあかりの》」です。初めにこの四つの節会を説明します。これらについては、多くの大学がさまざまな角度で問題を出しました。行う月日、行事の内容、漢字の読み書きなどを暗記してください。

また、節会に続けて、その他の行事も列挙します。易しい大学は〔注〕をくれる場合もありますが、中堅・難関大学は設問対象とすることが多いので、念のため覚えましょう。

148 白《あを（アオ）》馬《うまの》節《せち》会《ゑ（エ）》＝〔一月七日〕白馬行列を見る・若菜摘《わかなつ》みをする

一月七日の日付を覚えましょう。新年を迎え、この一年が無病息災《むびょうそくさい》であるようにと祈る**年初めの厄除《やくよ》けの儀式**です。

具体的にいうと、この日、宮中《きゅうちゅう》で二十一頭の**白馬**を歩かせ、天皇がそれをご覧になります。馬は精力盛んな縁起《えんぎ》のよい動物と考えられていました。馬のように元気に一年を駆《か》け抜けることができるようにと願ったのですね。「白馬節会」と書いて「**あをうまのせちゑ**」と読みます。馬の毛の色は、実際は白ではなく、青みを帯びた灰色でしたので「あをうま」といいました。のちに白馬を用いるようになったため、表記だけを「白馬」と変えたのです。漢字の読み書きも頻出です。

この日、もう一つ行うのは「**若菜摘み**」です。春の七草を摘んで吸物《すいもの》にして食べます。七草は薬草ですから、やはり一年の健康を願っての行事ですね。のちに七草粥《ななくさがゆ》の風習となりました。

「一月七日・白馬行列・若菜摘み」の三つが白馬節会のキーワードです。青山学院大や関西大が、『土佐《とさ》日記』の文章を使って、これらの知識を試したことがあります。

149 端《たん》午《ご》節《のせち》会《ゑ》《エ》 ＝〔五月五日〕 菖蒲《しょうぶ》（あやめ）と薬玉《くすだま》を飾る

今も**五月五日**を端午の節句というのは、この節会のなごりです。現在は男の子のお祭りですが、昔は**長寿祈願**の日でした。「端午」は漢字の読み書きも問われます。

この日、宮中《きゅうちゅう》や貴族の邸《やしき》では、簾《すだれ》や牛車《ぎっしゃ》に「**菖蒲**」を飾ります。昔、病気は物《もの》の怪《け》（悪霊《あくりょう》）のしわざと考えられていました（215ページ参照）。菖蒲は薬草の一種だったので、部屋や乗物の出入り口の簾にこれをかけておくことによって、物の怪の侵入を防ごうと考えたのです。「菖蒲」は別名「**あやめ**」ともいいます。文章中はどちらで出てくるかわかりませんので、両方とも覚えておいてください。

同じ日、簾や柱に「**薬玉**」も飾りました。薬玉は字のとおり薬草を入れた玉です。干した薬草や香料を入れて花で飾り、五色の糸を垂《た》らしました。やはり、病気除《よ》けのおまじないです。

「五月五日・菖蒲（あやめ）・薬玉」の三つが端午節会のキーワードです。学習院大・國學院大・お茶の水女子大などが、『徒然草《つれづれぐさ》』の章段を使ってこれらの知識を試したことがあります。

150 重《ちょう》陽《やう》《ヨウ》節《のせち》会《ゑ》《エ》 ＝〔九月九日〕 端《たん》午《ご》節《の》会の薬《くす》玉《だま》をはずし、菊を飾る

昔は、すべての数字を陰《いん》と陽《よう》に分けていました。「九」は陽の数字で、**九月九日**は陽数が重なるので「重陽節会」といいます。昔の季節感でいうと九月は晩秋で、菊の花が美しく咲くころでした。重陽節会は**菊花宴**だったのです。

この日、宮中《きゅうちゅう》では天皇が宴会を催し、諸臣が漢詩を献上し、菊の花を浮かべた酒を飲みます。また、前日の夜に菊に綿をかぶせておき、翌日露《つゆ》を含んだ綿で体を拭《ふ》きます。**菊の露は老化を防ぐ**と考えられていました。

入試において、重陽節会で最も大切な知識は、**端午節会の「薬玉」をこの日はずし、「菊」に取り替える**ことです。薬玉はポプリなので五月五日から九月九日までの約四か月間かけたままにし、九月九日に薬玉をはずして、簾《すだれ》や牛車《ぎっしゃ》に菊花を飾りました。ついでにいうと、端午節会の菖蒲《しょうぶ》（あやめ）は生花なので、ふつうは五月五日のうちに取りはずします。しかし、『徒然草《つれづれぐさ》』の作者・兼好《けんこう》法師は、菖蒲をはずすのは無風流《ぶふうりゅう》だとして、枯れた菖蒲も九月九日まで残しておくべきだと書いています。入試によく出る章段です

151 新《にひ（ニイ）》嘗《なめ》祭《まつり》 ＝〔豊明節会の前日〕 新米や穀物を天皇が神に供《そな》える儀式

152 豊《とよ》明《のあかりの》節《せち》会《ゑ（エ）》 ＝〔十一月中旬〕 五《ご》節《せち》の舞《まい》が行われる

「新嘗祭」と「豊明節会」は必ずセットで行われる行事です。「豊明」は**収穫祭**で、豊作によって顔が明るくなるところから、この名がつきました。ほかの節会が何月何日ときちんと日付が決まっているのに、豊明節会だけが**十一月中旬**とおおざっぱなのは、その年の暦《こよみ》によって日付が異なるからです。毎年、豊明節会の日取りが決まったら、その**前日**に「新嘗祭」を行います。その年穫《と》れた**新米や穀物を天皇が神に供える儀式**です。神が新しい米を嘗《な》める祝祭なので、新嘗祭といいます。

これは神事なので、厳《おごそ》かな儀式です。

豊明節会の**当日**は、天皇が諸臣を集めて新穀を食す宴会を催し、そのあと「**五《ご》節《せち》の舞《まひ（イ）》**」という美少女たちの舞が行われます。舞は数日前からリハーサル（試《し》楽《がく》）を含め何度か行われますが、天皇が試楽をご覧になることを「**帳台《ちゃうだい》の試《こころ》み**」といいます（140ページ参照）。「五節の舞」は、天皇・皇族・貴族だけでなく、**女房《にょうぼう》たちも見ること**ができたようです。

入試問題8 ℓ.1「豊明」

入試問題5 ℓ.1「五節」

参考

153

大《だい》嘗《じやう》《ジョウ》会《ゑ》《エ》 ＝ 新天皇が初めて行う新《にい》嘗《なめ》祭《まつり》

新しい天皇が即位なさった年の**新嘗祭**を「大嘗会」もしくは「大嘗祭《さい》」といいます。文字どおり、大々的に行う新嘗祭のことです。文章中には「大嘗会」のほうがよく出て、漢字を読めともいわれます。

参考

154

小《をオ》忌《み》 ＝ 新《にい》嘗《なめ》祭《まつり》などの神事に「小《を》忌《み》衣《ごろも》」を着て奉仕する人

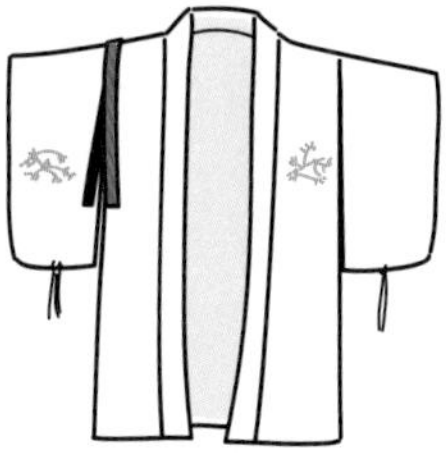

新嘗祭や**豊明**《とよのあかり》（**五節**《ごせち》）や大嘗会《だいじょうえ》の神事には、宮中《きゅうちゅう》の役人である公達《きんだち》（貴族の息子）や舞姫たちが奉仕しますが、神の前に出るので、穢《けが》れを避ける「**小忌衣**」を着ます。この衣は、白い布に山藍《やまあい》で模様を青摺《あおず》りし、右肩に赤い紐《ひも》を二本つけたものです。『枕草子《まくらのそうし》』には「五節の舞」の日に、中宮《ちゅうぐう》が女房《にょうぼう》たちにも同じ衣を着させた話が残っています。中宮が洒落《しゃれ》っ気を起こして、女房に小忌の公達や舞姫のまねをさせたのです。

入試問題5　ℓ.3「赤紐」
五節の「小忌衣」の赤紐。

155 賀茂祭《かものまつり》＝〔四月〕 簾《すだれ》や冠《かんむり》や牛車《ぎっしゃ》に葵《あおい》を飾る

＊別名「葵祭《アオイ・あふひまつり》」

この祭は今も行われています。京都の賀茂神社で行われ、宮中《きゅうちゅう》内の行事ではありませんが、宮中から神社へ勅使《ちょくし》（天皇の派遣する使者）が送られる官祭《かんさい》です。

この日、簾や冠や牛車などに双葉《ふたば》葵を飾りましたので、別名「**葵祭**」といいます。いろいろな文学作品のなかにこの祭の描写があります。**和歌**のなかでは、多くの場合「**あふひ**」が掛詞《かけことば》になっています。一つの意味はもちろん「**葵**」ですね。もう一つの意味は、見物人が群がり多くの人が顔を合わせる日なので、人と人が「**逢《あ》ふ日**」です。覚えておくと助かります。

また、都における代表的な祭だったので、文章中に何の説明がなくても、「**祭**」**といえば賀茂祭**を意味します。**四月**に行われたことも暗記してください。

京都産業大は『蜻蛉《かげろう》日記』のある章段を出して、この祭のことを問いました。「このごろは、四月《うづき》、祭見に出たれば…」の「祭」に傍線を引き、祭の名前をきいています。また「あふひとか…」で始まる和歌の掛詞も書かせました。

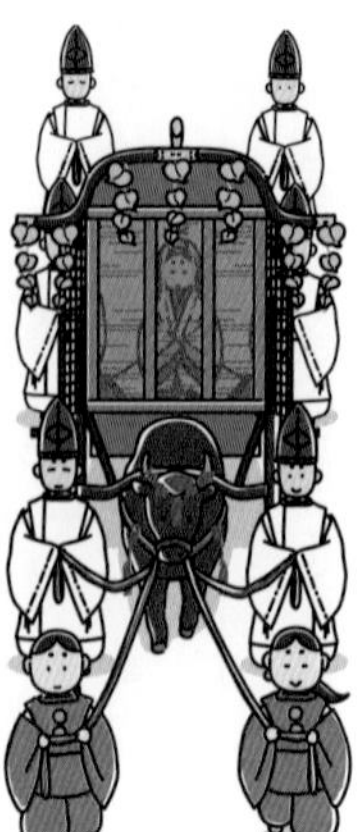

156 **御《お》仏《ぶつ》名《みやう》《ミヨウ》** ＝〔年末〕**一年間の罪を祓《はら》うための宮中《きゅうちゅう》での読経《どきょう》**

157 **荷《の》前《さき》** ＝〔年末〕**年末の吉日に、歴代の天皇の墓に供《そな》え物をする儀式**

158 **追《つい》儺《な》** ＝〔年末〕**一年間の災難を追い払う儀式**
＊別名「鬼やらひ《イ》」

年末の行事を三つまとめて説明します。漢字の読みもすべて暗記してください。

「御仏名」は、文字どおり仏の名を唱えること。**一年の罪を消すために宮中で読経**します。

「荷前」は、天皇が使《つかい》を派遣し、**歴代の天皇の墓（十陵八墓《じゅうりょうはちぼ》）に供え物をする儀式**です。諸国の貢《みつ》ぎ物を荷なって霊前に供えるので、「荷前」といいます。過ぎた一年の感謝と来《きた》る一年の加護をお願いしたのでしょう。

「追儺」は、字のとおり人についた災難を追う儀式で、ひとりが鬼になり、おおぜいで鬼を追い出します。大晦日《おおみそか》の夜に宮中で行われました。「**鬼やらひ**」ともいいます。鬼は舎人《とねり》（104ページ参照）が務めます。現在の節分《せつぶん》は追儺のなごりです。

159

除《ぢジ》目《もく》＝〔春と秋〕諸官の任命式

＊県召《あがためし》（春）・司召《つかさめし》（秋）ともいう

地方国の長官（国守《くにのかみ》）の任命式を「**県召**」といいます。国守は、今でいう県知事に当たる人です。「県召」とは、文字どおり「人を召し出してどこそこの県へ行け」と任命することだと理解しましょう。一月（新春）に行われたので、「県召」を「**春の除目**」ともいいます。

一方、都の中央官庁の役人の任命式を「**司召**」といいます。「司」は役人のこと。「司召」とは、「人を召し出してこれこれの司になれ」と任命することだと理解しましょう。九月（秋）に行われたので、「司召」を「**秋の除目**」ともいいます。

「除目」の「目」は「目録」のことです。「除目」とは、文字どおり「前任者を削除して、新任者を目録に記入する」ことで、**人事の入れ替え**を意味します。「**諸官の任命式**」と覚えましょう。漢字の読み書きも暗記します。

「除目」は、どのレベルの大学も出題する可能性があります。**春と秋**の二回だったことも知っておいてください。「県召」「司召」は、難関大学志望者には必要です。

こんど あっちに 異動だよ
そりゃ ぢごくだ
いや ぢもく だろ

◆「司召」は、八月（秋）に行われることもありました。

以上が、入試にとてもよく出る宮中《きゅうちゅう》行事です。これらの行事は難易を問わず、さまざまな大学が取り上げていますので、しっかり暗記しておいてください。

さて、これから、その他の行事を列挙します。次に記す行事は、易しい大学なら〔注〕をつけて助けてくれます。それでも、漢字の読みや重要ポイントが出題されたこともあるので、一応は目を通しましょう。難関大学志望者は、〔注〕が出ない場合もありますから、要注意です。

160

四方拝《シホウハイ／しはうはい》＝〔一月一日〕 天皇が四方の神霊を拝み、国の幸いを祈る儀式

元旦《がんたん》の行事であることを覚えておきましょう。

161

上巳《ジョウシ／じやうし》＝〔三月三日〕 雛祭《ひなまつり》

古くは身の穢《けが》れを移した人形《ひとがた》を水に流す行事でしたが、のちに雛人形や調度品を飾り、草餅《くさもち》を供える桃の節句となりました。

「じゃうし」の読みを覚えましょう。

162

賀茂競馬《かものくらべうま》 ＝〔五月五日〕 賀茂神社の境内《けいだい》で行う馬の競技

宮中行事《きゅうちゅうぎょうじ》だった競馬《けいば》を、賀茂神社の境内で行うようになりました。賀茂神社は天皇家と深い結びつきがあるので、古文によく出てきます。「**くらべうま**」の漢字の読み書きは頻出です。

163

乞巧奠《きこうでん》《コウ》 ＝〔七月七日〕 七夕祭《たなばたまつり》。願いごとを「梶の葉《かぢ(ジ)》」に書いて祈る

「乞巧奠」が「七夕祭」であることは、大半の大学が〔注〕を出して助けてくれます。漢字の読み書きもめったに出ません。今の七夕とほぼ同じ、**彦星**《ひこぼし》（牽牛星《けんぎゅうせい》）が**天の河**《あまのがわ》を渡り、**織女**《おりひめ》（織女星《しょくじょせい》）と**年に一度の逢瀬**《おうせ》を楽しむという伝説にちなんだ行事です。

織物・裁縫《さいほう》・諸芸道の上達や恋愛成就《じょうじゅ》を祈るのも今と同じです。今は紙の短冊《たんざく》に書きますが、昔は「**梶の葉**」に書きました。これを覚えておきましょう。『平家《へいけ》物語』の一節「天《あま》の門《と》（天の河にあるという天界の門）を渡る**かぢ**の葉に…」には、「**梶**」の葉と、天の河を渡る舟の「**楫**《かぢ(ジ)》」が掛《かけ》詞《ことば》として使われています。

参考

164 鵲《かささぎ》の橋《はし》

＝①雨夜の七夕《たなばた》に鵲が造る天の河の橋
②宮中《きゅうちゅう》の階段

宮中行事から話がそれますが、七夕祭に関連する用語に「鵲の橋」があります。鵲は実在の鳥なのですが、〝**雨の七夕**の夜には翼を連ねて、増水した**天の河に橋を架《か》け**、彦星《ひこぼし》と織女《おりひめ》の**逢瀬《おうせ》を助ける**〟という伝説があります。和歌に多い表現で、関西大・上智大が出題しました。

また、宮中を天上《てんじょう》に見立て、「橋」と「**階**《はし》」が同音であることから、「**宮中の御階**《みはし》**（階段）**」の意味もあります（130ページ参照）。

165 仲秋観月《ちゅうしゅうのくわんげつ》

＝〔八月十五日〕月見の宴。芒《すすき》や団子《だんご》を供《そな》える

八月は、陰暦では秋の真ん中です。さらに、十五日が月の真ん中なので、**八月十五日**を「**仲秋**」（「中秋」とも書く）といいます。空気が冴えて満月が最も美しいので、**月見会**をします。

宮中のおもな年中行事カレンダー

◆入試頻度の高いものから順に説明してきましたが、月別の日付け順に見やすく整理しました。確認してください。

◆一～十二月の古い呼び名（古称）も漢字・読み方ともに暗記しましょう。表記が漢数字でも古称でも読み方は同じです。

◆季節が今とズレていることも要注意です。一月から三か月ごとの区切りで「春夏秋冬」となります。だから「一月」の初めを今でも「新春」というのですよ。

季節	月	古称		行事
春	一月	睦月【むつき】		・一日　四方拝《しはうはい》 ・七日　白馬《あをうま》節会《のせちゑ》 ・初旬　県召《あがためし》（春の除目《ぢもく》）
夏	四月	卯月【うづき】		・中旬　賀茂祭《かものまつり》（葵祭《あふひまつり》）
秋	七月	文月【ふづき】		・七日　乞巧奠《きかうでん》（七夕祭《たなばたまつり》）
冬	十月	神無月【かんなづき】		

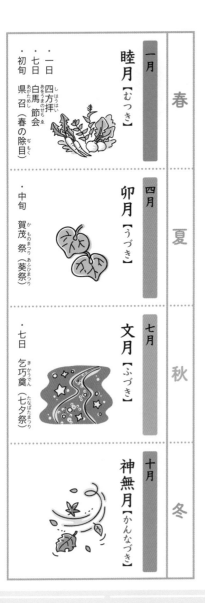

二月 如月【きさらぎ】

三月 弥生【やよひ《ヤヨイ》】

・三日 上巳《じやうし》（雛祭《ひなまつり》）

五月 皐月【さつき】

・五日 端午節会《たんごのせちゑ》
・五日 賀茂競馬《かものくらべうま》

六月 水無月【みなづき】

八月 葉月【はづき】

・十五日 仲秋観月《ちゆうしうのくわんげつ》

九月 長月【ながつき】

・九日 重陽節会《ちようやうのせちゑ》
・初旬 司召《つかさめし》（秋の除目《ぢもく》）

十一月 霜月【しもつき】

・中旬（前日） 新嘗祭《にひなめまつり》
・中旬（当日） 豊明節会《とよのあかりのせちゑ》

十二月 師走【しはす《シワス》】

・年末 御仏名《おぶつみやう》 荷前《のさき》 追儺《ついな》

閏月《うるふづき》《ウルウ》

＝ 陰暦では、季節と暦《こよみ》のズレを調整するために、何年かに一度、ある月を二度くり返して十三か月にしました。その余分に加えられた月を「閏月」「のちの月」といいます。また、具体的な月を入れて「閏五月《うるふさつき》」「のちの五月《さつき》」といったりもします。その年は五月が連続二か月あったということで、あとのひと月をそう呼ぶのです。

2 平安貴族の教養と娯楽

教養科目もラクじゃない！

皇族・貴族はもちろん、女房《にょうぼう》たちも教養を身につけることを大切にしました。男子のためには大学がありましたが、入試古文においては重要ではありません。ここでは、親が息子や娘に授《さず》けた家庭教育について説明したいと思います。

平安時代は、男と女は平等には扱われませんでした。漢字は男性だけが公《おおやけ》に使える文字とし、女性はひらがなを使いました。文学も、男性は漢詩・漢文、女性はひらがなの物語に親しむことになっていました。ただし、和歌だけは、男女に関係なく、すべての平安人《びと》（庶民を除く）に求められた必須の教養でした。和歌の詠《よ》めない人や和歌を解することのできない人は「無風流《ぶふうりゅう》な人」として見下げられます。

文学以外にも、音楽や書道や絵画などの芸術的な教養も身につけました。また、四季折々の草花に目を向けることも忘れませんでした。これらはすべてセンス（感性）を磨《みが》くという点で共通しています。この優雅な都会的センスを「風流心《ふうりゅうしん》」といいます。

また、日常の楽しみとして、さまざまな娯楽もありました。

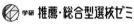

166 大和歌《やまとうた》・三十一文字《みそひともじ》＝和歌　唐歌《からうた》・詩《からうた》＝漢詩

「やまと」は日本、「唐」は中国のことです。だから、和歌を「**大和歌**」、漢詩を「**唐歌・詩**」といいます。和歌は五七五七七なので「**三十一文字**」ともいいました。

平安時代は、政治・文化ともに中国を手本としました。現在の私たちが欧米文化にあこがれて英語を学ぶように、当時の人は学問の一つとして漢詩や漢文を学んだのです。ただ、「女子に正式な学問はいらない」と考えていたので、公《おおやけ》には**漢学は男子だけのもの**でした。漢詩・漢文を合わせて「**文《ふみ》・書《ふみ》・漢籍《かんせき》**」といいます。また漢学の知識を「**才《ざえ》**」といいます。

和歌は、学問というよりも、日本人が生まれながらにして持っている繊細な情感、いわゆる「**大和心《やまとごころ》**」を育てるものとして重んじられました。これには男女の区別はありませんので、すべての平安人《びと》が心得を持つように努力しました。五七五七七の字数制限のなかに情景や心情を盛り込まなければならないので、当時の人でも和歌を作るのはかなりたいへんなことでした。そのなかで傑出《けっしゅつ》した才能を持つ人は、プロ（専門の宮廷歌人）として、宮中《きゅうちゅう》に召《め》し抱えられたりします。

おうちはどこぉ？
大和歌町三十一の五七五の七七MOJIビルよ～

167 真名《まな》・真字《まな》＝漢字 ／ 仮名《かな》＝ひらがな

漢字を「**真名・真字**」、**ひらがな**を「**仮名**」といいます。「真」と「仮」の字に男女差別が表れていますね。漢字は真の文字で男が使うもの、ひらがなは仮の文字で女が使うものということです。そこで、漢字を「**男文字**」「**男手**《で》」、ひらがなを「**女文字**」「**女手**《で》」ともいいました。この場合の「手」は「筆蹟《ひっせき》」のことです（194ページ参照）。もちろん男子は漢字・ひらがなともに使えるし、ひそかに漢字を学ぶ女子もいたのですが、漢字を重んじ、ひらがなを卑《いや》しめてそう呼んだのです。

『土佐《とさ》日記』はナリキリ文学!?

『**土佐日記**』に「男もすなる日記《にき》といふものを女もしてみむとてするなり」という書き出しがあります。作者は**紀貫之**《きのつらゆき》という男性です。当時の男性の日記は漢文で書かれるのがふつうでしたが、貫之は『土佐日記』をわざと**ひらがな**で書きました。日本の繊細な風景や心情を書くのには、ひらがなのほうがよいと考えたのです。が、男が女文字で日記を書くことは当時の社会では受け入れられないことですので、「男もするとかいう日記というものを、女の私もしてみようと思ってするのよ」と、**女が書いたふり**（仮託《かたく》）をしたのです。

貫之は『**古今**《こきん》**和歌集**』**の撰者**《せんじゃ》（編纂《へんさん》者）となったほどの有名な歌人でした。ふつうの人がすれば奇異なことと非難されることも、有名人がすれば画期的と評判になります。こうして『土佐日記』は評価を受けました。ついでにいうと、『古今和歌集』の序文には、ひらがなで書いた「仮名序《かなじょ》」と漢字で書いた「真名序《まなじょ》」があります。**「仮名序」**は**紀貫之**が、「真名序」は紀淑望《きのよしもち》が書きました。やはり貫之は当時の男性としては珍しく、ひらがなを好んで用いたようです（250ページ②・268・269ページ参照）。

貫之のひらがな文学確立のおかげで、「私も文学を書いてみよう」と思う女性が増えました。『蜻蛉《かげろう》日記』『和泉式部《いずみしきぶ》日記』『紫式部《むらさきしきぶ》日記』『更《さら》級《しな》日記』『枕草子《まくらのそうし》』『源氏《げんじ》物語』などの華々《はなばな》しい女流文学全盛期は、貫之がいなければ起こり得なかったかもしれません（262ページ参照）。

紫式部は清少納言《せいしょうなごん》がユルセナイ！

『紫式部日記』のなかで、**紫式部**は**清少納言**のことを**「真名書き散らす」と非難**しました。紫式部も清少納言も教養深い女房《にょうぼう》で、どちらも漢詩の知識は持っていました。個人的にひそかに勉強したのです。けれども、「漢詩のことは知っていても知らぬふり」が女性の奥ゆかしさと考えられた時代なので、紫式部はその才能をむやみに表に出すことはしませんでした。清少納言が漢詩の知識を公《おおやけ》に出すのを見て、「漢詩の知識をひけらかして」と不愉快だったのです。

168 歌《うた》合《あはせ》《アワセ》 ＝ 左右二組に分かれた歌人が和歌の優劣を競《きそ》う催し

「歌合」とは「歌合戦」のことです。現在よく似た形態が残っているのは、暮れの『NHK紅白歌合戦』です。二組に分かれて競うのは同じですが、紅と白ではなく「**左方**《ひだりかた》・**右方**《みぎかた》」に分かれました。各組からひとりずつが前へ出て、一首ずつ和歌を詠《よ》みます。その場で題を与えられて即興《そっきょう》で作ることもありますが、多くの場合はあらかじめ題をもらって、**当日まで試作を重ね**て最高の和歌を出品したようです。

個人戦で一組（一番）ごとに勝負をつけ、その結果（勝ちの番数）を合計して左方・右方の団体戦の勝敗も決めます。判定する審査員を「**判者**《はんじゃ》」、判定の言葉を「**判詞**《はんじ》」といいます。

歌合は、おもに天皇・院・女院《にょういん》（第2章参照）などの**最高位の人が主催**し、**宮中**《きゅうちゅう》で行われます。両方ともうまくて判者が勝負を決められないときは、判者は**主催者の**「**気色**《けしき》」をうかがいます。この場合の「気色」は「**様子・顔色・意向**」のことです。

最高位の主催者の前で和歌を詠むのですから、歌合の出場者に選ばれることはたいへん名誉なことでした。選ばれた歌人たちは、**文学的生命**を賭《か》けて優《すぐ》れた和歌を作りました。

参考

169 当《たう》《トウ》意《い》即《そく》妙《めう》《ミョウ》 ＝ 場に合う内容の和歌をはやくうまく作ること

「当意即妙」という言葉は古文の文章中にはほとんど出てこないのですが、選択肢や現古融合文に頻繁に使われるので知っておくほうがよいと思います。

「当意」は「意図したものに当たる」ことで、和歌の内容がその場の雰囲気やテーマに当てはまっていることを意味します。「即」は即席・即《そっ》興《きょう》のことですから、スピードがはやいこと。「妙」は妙味《みょうみ》・妙技《みょうぎ》のことで、表現や修辞法に優《すぐ》れていることです。

ピッタリの内容・はやい・うまい—— この三点が揃《そろ》った和歌が、優れた和歌なのです。

◆正式の歌合などであらかじめ題をもらう場合は、試作してから発表しますので、スピードのはやさは要求されません。

170 返《カエ》《かへ》し・返《カエ》《かへ》しの歌《うた》＝返事としての和歌・返歌

和歌は、歌合《うたあわせ》などの公的な場に限らず、日常のオシャレな会話のなかで、あるいは私的な手紙として詠《よ》まれることもありました。

会話や手紙などの**個人的な和歌には返事の和歌を詠むのがマナー**でした。歌のうまさは「当意即妙」といいましたが、返歌の場合は、内容やテクニックもさることながら**スピード**がいちばん大切です。相手を待たせることは失礼で気のきかないことと非難されました。

歌のうまい人は自分で返歌を詠みますが、下手《へた》だったり遅かったりする場合は、ほかの人に代わりに作ってもらいます。いわゆる「**代詠**《だいえい》」です。

171 連《れん》歌《が》＝上句《かみのく》と下句《しものく》をふたりで詠《よ》んで一首《いっしゅ》の歌を作ること

ひとりが上句を詠み、**別の人が下句を付《つ》ける**作法を「連歌」といいます。上句と下句は**掛詞《かけことば》・縁語でつなぐ**ことが多く、共通テストが問題にしました。公式の連歌の会もあるし、個人的な手紙や会話でなされることもあります。

◆中世（鎌倉・室町時代）には、数人で行う連歌もあります。

172 歌枕《うたまくら》 ＝ ①和歌によく詠《よ》まれる名所 ②和歌の名所を書き集めた書物

枕は頭を支えるもの。そこから、比喩《ひゆ》的に土台となるものを意味します。「歌枕」とは直訳すると「和歌を作る土台となるもの」のことです。

古くから多くの歌人が好んで詠んだ名所があります。彼らの名歌のイメージを土台にしてアレンジすると、新しい歌が作りやすいですね。また、そういう名所は景色が美しいので創作意欲も湧《わ》きます。だから、**和歌によく詠まれる名所**を「歌枕」といいました。それらを集めた書物を意味することもありますが、入試にはあまり出ません。参考までに、歌枕と呼ばれる名所には「末《すゑ(エ)》の松山・逢《あふ(オウ)》坂《さか》の関《せき》・竜田《たつた》川《がは(ワ)》・吉野山《よしのやま》」などがあります。

こういう美景の場所は都から離れたところに多いので、まれに、遠い地方国へ転勤を命ずる婉《えん》曲《きょく》表現として、「**歌枕見て参れ**」（地方へ行って名所を見てこい）といったりもします。地方国の長官（国守《くにのかみ》）になることは、中流階級の人にとっては喜ばしい出世ですが、高位の人にとっては悲しい**左遷《させん》**です。出世のときは「国守に命ず」と直截《ちょくせつ》表現をすればすみますが、左遷の場合はこういう遠まわしないい方になります。

173 遊《あそ》び ＝ ①管弦《かんげん》の催し ②和歌・漢詩の催し ③花見の会・月見の会

「遊び」とは、趣味・楽しみのことです。現代っ子から見ると「どこが楽しいの？」と思うような高尚《こうしょう》な趣味ですが、当時の人々にとっては、心楽しい遊びでした。

私たちがコンサートやCDを楽しむように、**音楽**は「遊び」の一つでした。笙《しょう》・篳篥《ひちりき》・横笛などの管楽器や琴《きん》・箏《そう》・琵琶《びわ》などの弦楽器を使った「**管弦《くわ(カ)んげん》の催し**」を開きました。

入試問題9 ℓ.3「御琴」

文学も「遊び」の一つです。当時は、物語（散文）よりも和歌と漢詩（韻文《いんぶん》）を優《すぐ》れたものと考えました。だから、「**和歌・漢詩の催し**」を、教養深い遊びとして開催します。歌合《うたあわせ》のような正式の会ではなく、パーティ感覚で行うものをいいます。

花鳥風月《かちょうふうげつ》を愛《め》でるのも「遊び」の一つでした。美しい景色で目を楽しませたのです。特に、桜の季節の**花見会**や名月を観る**月見会**は盛んに行われました。

入試では、「遊び」に傍線を引いて、具体的にはどんな催しなのかを問うことがあります。「和歌・漢詩」や「桜花・月」などの根拠が文章中にあれば②や③を選びますが、何も**根拠がないとき**はすべて①の「**管弦の催し**」と判断します。

横笛《よこぶえ》
篳篥《ひちりき》
鼓《つづみ》
箏《そう》
琵琶《びわ》
笙《しょう》
琴《きん》

174

手《て》 ＝ ①筆蹟《ひっせき》 ②楽器の弾《ひ》き方

和歌・漢詩の文学的教養、管弦《かんげん》の音楽的教養に加え、字が美しいことも貴族の必修教養科目でした。男子は、職業上の書類作成の必要もあって漢字（真名《まな》）も習いますが、女子はおもにひらがな（仮名《かな》）を習います（186ページ参照）。今のように書道教室があるわけではないので、字のうまい人の手紙を手本にしたりしました。

「手」は、人間の体の部分としての手の場合ももちろんありますが、「芸術的な腕前」の意味も持っています。書道では「**筆蹟**（**筆跡**）」、音楽では「**楽器の弾き方**」を意味します。入試で「手」を訳せと問われ、単なる手ではないと判断される場合、文中に楽器名があれば「楽器の弾き方」と訳しますが、**根拠がないとき**は圧倒的に「**筆蹟**」です。

入試問題9
ℓ.2、問2「手」

手《て》習《なら》ひ《イ》 ＝ 習字

「手習ひ」は書道にしか使わない言葉で、「**習字**」のことです。入試で設問にあがることはあまりありませんが、知っていれば文章が読みやすくなります。

字のうまい人を、古文では「**能筆**《のうひつ》」といいます。今でいう達筆《たっぴつ》のことです。古文によく出る能筆の人として、**藤原行成**《ふじわらのゆきなり》（253ページ⑱参照）・**藤原佐**《すけ》**理**《まさ》は知っておくと得です。

175

物《もの》合《アワセ》《あはせ》 ＝ 持ち寄った物の優劣を二組で競《きそ》う会

〈例〉絵合《えあはせ》・貝合《かひ(イ)あはせ》・根合《ねあはせ》・薫《たき》物《もの》合《あはせ》など

おおぜいの人が**左右二組**に分かれていろいろな**物を持ち寄り**、その**優劣を競い合う会**を「物合」といいます。持ち寄る物はそのときどきで変わりますが、パーティ感覚の娯楽として行いました。具体的には「**絵合**」「**貝合**」「**根合**」「**薫物合**」などがあります。

「絵合」は、所有している絵を持ち寄って優劣を競うものです。ちょうど、今のお金持ちが高額で買った絵画のコレクションを競うのと同じです。今は財力の勝負になってしまいましたが、昔は風流を競う優雅な娯楽として楽しみました。当時の絵画は巻き物で、床《ゆか》に多くの絵を広げた様子は、想像するだけでも美しくて華やかですね。

「貝合」は、持ち寄った貝の美しさや珍しさを競います。貝殻を二つに分けてペアを選ぶ遊びもあって「貝おほひ《(オイ)》」ともいいます。「根合」は、**五月五日**の**端午節会**《たんごのせちえ》（172ページ参照）に、「**菖蒲**《しょうぶ》**の根の長さ**」と和歌を競います。「薫物合」は**香**《こう》（薫物）の匂い競べです（165ページ参照）。「歌合《うたあはせ》」も物合の一種ですが、これだけは娯楽とはいえない真剣勝負だったので、別項でくわしく説明しました（188ページ参照）。

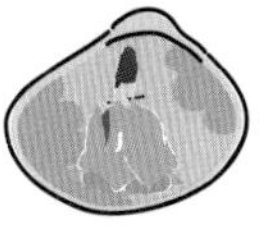

176

小弓《こゆみ》・蹴鞠《けまり》＝男子の娯楽競技

雛《ヒイナ》《ひひな》あそび＝女子の娯楽

前項までにあげた項目のほか、日常的な娯楽には「鷹狩《たかがり》」「双六《すごろく》」「囲碁《いご》」「なぞなぞ」「偏《へん》つぎ」「小弓」「蹴鞠」「雛あそび」などがあります。

「鷹狩」は時代劇などで見たことがあるかもしれませんが、飼い馴《な》らした鷹を使って野鳥や小動物を捕える狩りです。皇族・貴族の男性が楽しみました。「偏つぎ」は漢字の旁《つくり》を決めて偏を継ぎ足し、より多くの漢字を完成させたほうが勝ちという遊びですが、あまり入試には出ません。

列挙したなかで入試に必要な知識は、「小弓」「蹴鞠」が**男子**の娯楽競技、「雛あそび」が**女子**の娯楽であった点です。『**とりかへばや物語**』は、女々《めめ》しい男の子と男勝《まさ》りの女の子の異母《いぼ》兄妹のお話で、父親が「とりかえたぁい」と**男女逆に育てた物語**ですが、兄妹の小さい頃の場面を甲南女子大が出したことがあります。男の子（若君）が「雛あそび」を、女の子（姫君）が「小弓・蹴鞠」に興ずるのですが、娯楽の名前を参考に、空欄に若君・姫君の名前を入れさせました。『とりかへばや物語』の男女逆転のストーリー（267ページ参照）を知っていることと、娯楽の男女別を知っていることが要求される問題でした。

177 雅《みや》び・色《いろ》＝風流

＊平安貴族の美意識

「雅び」の「みや」は「宮」のことで、宮廷風であることを意味します。簡単にいうと、都会的で洗練された美意識のことです。宮中《きゅうちゅう》は天皇を中心とする高位の人々が多く交わる社交界です。社交界では、服装も会話も恋愛も、すべて上品で優雅でなければなりません。衣装の色合いに気を遣《つか》い、和歌・漢詩・音楽・書道などの教養を身につけ、異性を引きつける魅力や人の心を鋭く見抜く感性も磨《みが》きました。これらすべてに通じる**都会的センス**を、まとめて「**風流心**《ふうりゅうしん》」といいます。「雅び」を「**風流**」と訳すのはそういうわけです。「雅び」の動詞は「雅ぶ」で、「風流だ・都会風だ」と訳します（85ページ参照）。

「色」にはいろいろな意味があります。そのなかに「**風流**」という意味もあります。貴族社会が色華やかだったからでしょう。「色好み」という表現が古文にはよく出てきます。「恋愛上手《じょうず》」という意味もありますが、「風流好み」という意味もあります（25ページ参照）。文章が恋愛話でない場合は、「風流好み」と訳してください。

このほか「風流だ」と訳す古語には、「**をかし**」「**あはれなり**」もあります。

◆「をかし」「あはれなり」は多義語です。文脈判断してください。

入試問題1
問1　イ「をかしき」

3 月齢の呼び名

美しいお月さまのニックネーム

宮中《きゅうちゅう》行事に「仲秋観月《ちゅうし(シュ)うのくゎ(カ)んげつ》」がありましたね。また、娯楽としての「遊び」のなかにも「月見会」がありました。平安の人々は、満月の美しさはもちろんのこと、日々の月の満ち欠けを愛《め》でて楽しみました。

そこで、月齢のさまざまな呼び名を学習しておきたいと思います。現代っ子が知っているのは、毎月の三日目の月を「三日月」、十五日目の月を「満月」ということくらいですね。平安人《びと》は満月のことを「望月《もちづき》」といい、それ以降十六日目から二十日目までの月にいろいろな美しい呼び名をつけました。入試に出るものだけを説明しますので暗記しましょう。

一つ一つの呼び名を理解するための前知識として、「月の出・月の入の時刻が、月初は早く、月末に向かうに従って遅くなる」ことを知っておきましょう。202ページの月齢表を見るとよくわかりますから、適宜参照してください。

178

望月《もちづき》 ＝ 十五日の月・満月

十五夜満月を望月といいます。月の形が完全な円を描いていること、月の出と月の入の時刻が見る人にとってちょうど頃合《ころあ》いがよいことから、希望どおりの月という意味で「望月」といいました。

毎月の十五夜満月を望月というのですが、一年のなかでも特別に美しいのは**八月十五日**の望月です。ですから、このときだけは特に大々的に「**仲秋観月**《ちゅうし(シュ)うのくわ(カ)んげつ》」の宮中《きゅうちゅう》行事が催されます（181ページ参照）。

「望月」は比喩《ひゆ》的に「**完全・完成**」を意味する場合もあります。**藤原道長**《ふじわらのみちなが》（251ページ⑪参照）は平安時代に藤原全盛期を築いた人ですが、すべての権力をつかんだ達成感を和歌に詠《よ》みあげました。「この世をば／わが世とぞ思ふ／**望月**の／欠けたることも／なしと思へば」（この世はすべて私の世だと思う。満月のように欠けたことがひとつもないと思うので）と。有名な「望月の歌」で、自らの**治世**《ちせい》**の完成**を高らかに謳《うた》ったものです。

入試問題10
問1 B「もちづき」

179 十六夜月《いざよひイづき》 ＝ 十六日の月

「いざよふ《ウ》」とは**ためらう**ことです。理想的な時刻に出入りする満月にくらべると、**十六日の月**は少し出入りが遅くてためらいがちに見えるので、「**いざよひづき**」といいました。漢字の読み書きがよく出ます。

『**十六夜《いざよい》日記**』には、タイトルどおり**十六夜月**が文中や和歌中によく出てきます（268ページ参照）。相愛大は、十六夜月の描写の部分を出し、出典名を選ばせました。

入試問題10
問1　C「いざよひづき」

180 立待月《たちまちづき》 ＝ 十七日の月

十七日の月を「立待月」といいます。月の出がさらに遅くなるので、「まだかな」と縁先に立って待つからこの名がつきました。「十七日の月」の呼び名を、東海大が選ばせたことがあります。

入試問題10
問1　E「たちまちづき」

181 居《ゐイ》待《まち》月《づき》 ＝ 十八日の月

十八日の月を「居待月」といいます。「居《ゐ》る」は「座《すわ》る」の意味です。月の出がさらに遅くなるので立っているのに疲れ、縁先に居（座っ）て待つのでこの名がつきました。

入試問題10
問1 D「ゐまちづき」

182 寝《ね》待《まち》月《づき》 ＝ 十九日の月

＊「臥《ふし》待《まち》月《づき》」ともいう

十九日の月はさらに遅く出ます。座《すわ》っているのにも疲れて寝て待つから「寝待月」です。「臥待月」ともいいますが、入試にはあまり出ません。

十七日・十八日・十九日の三つは「**立―居―寝**」の順に、だんだん待ちくたびれてズボラになるのだと覚えてください。

入試問題10
問1 A「ねまちづき」

183 更《ふけ》待《まち》月《づき》 ＝ 二十日の月

夜更けまで待ってやっと出てくる月なので、**二十日の月を**「更待月」といいます。

陰暦月齢表

図は「月の入り」の形。数字は月の出のおよその時刻を示す。緑字は入試に頻出。

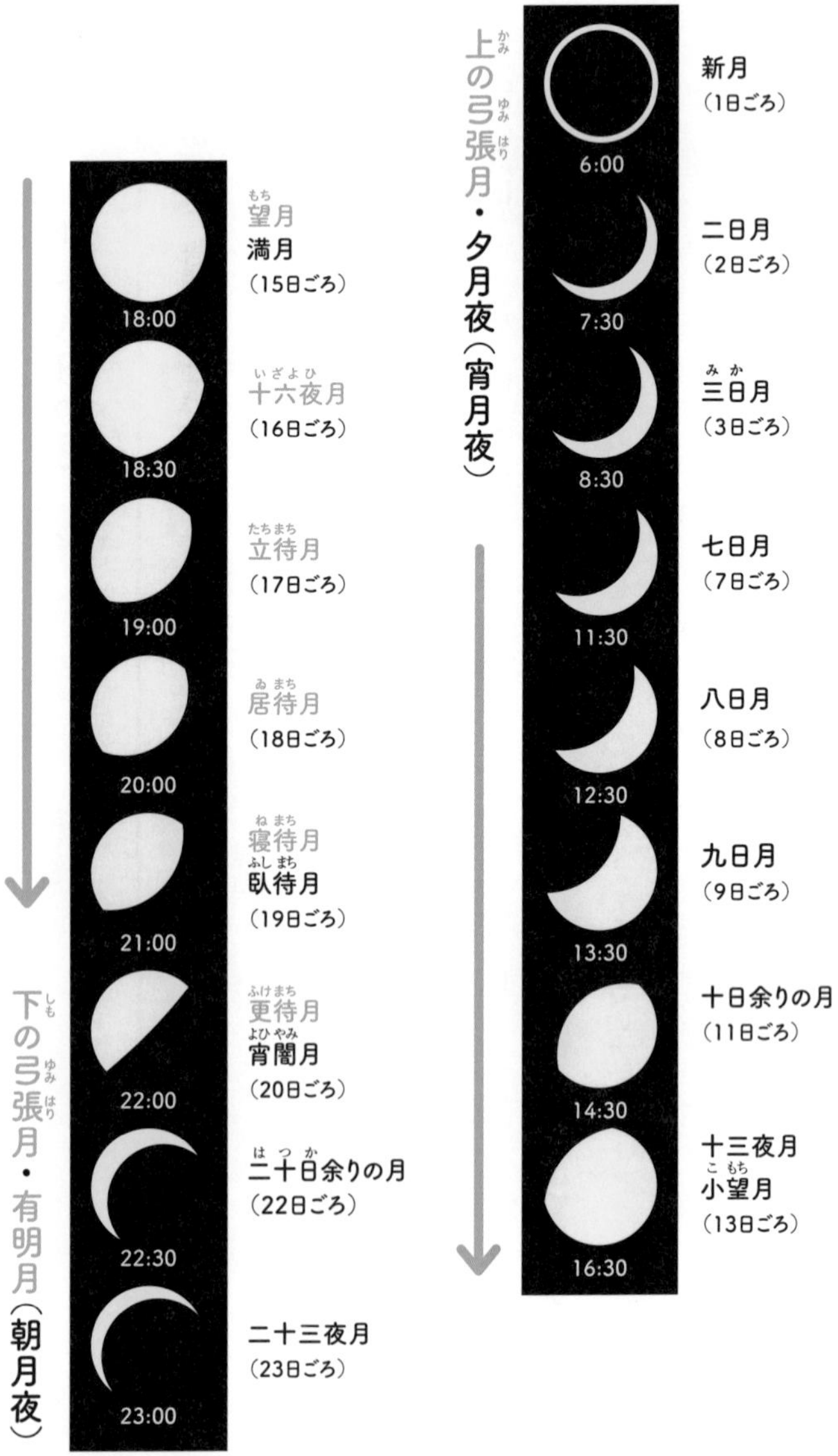

184 有明月《ありあけづき》 ＝ 下旬の月

毎月の**下旬の月**を、まとめて「有明月」といいます。夜遅くに出て、夜明けに沈むので、「夜が明けてもまだ空に有る月」の意味でそう呼びました。

『蜻蛉《かげろう》日記』の一節を駒沢女子大が出して、「本文は月の上旬・中旬・下旬のいつごろか」と問題にしました。本文には何月何日という日付がまったく書かれていません。日付が明記されていない場合、月齢が手がかりですが、本文には望月《もちづき》・十六夜《いざよい》月・立待《たちまち》月などの名称もなく、ただ月が出ていることだけが書いてあります。こうなると、**上旬・中旬・下旬**を知る手がかりは、**月の出入りの早い遅い**しかありません。その目で注意深く本文を見ると、月の出ているときにすでに「夜が明けて」いるのです。これによって「有明月」だと判断して「下旬」を選ぶという、とても手の込んだ問題でした。

参考までに、毎月の上旬の月は、「夕月夜《ゆふ(ウ)づくよ》」「宵月夜《よひ(イ)づくよ》」といいます。こちらはあまり入試には出ていません。また、月初も月末も月の形が細く弓なりですが、この形の月は「**弓張月**《ゆみはりづき》」といいます。月初の上弦の月を「上《かみ》の弓張月」、月末の下弦の月を「下《しも》の弓張月」と呼びます。

参考

185

晦《つご》日《もり》＝月末

大《おほ》《オオ》晦《つご》日《もり》＝年末

「**月末**」のことを古文では「**つごもり**」といいます。もとは「月隠《つきごも》り」だったのが縮まって「つごもり」になりました。202ページの月齢表で月末の月を見てください。十五夜満月（望月《もちづき》）から欠けていき、だんだん細くなりますね。月が姿を隠すように見えるので、「月末」を「月隠り」といい、「つごもり」に略されて「**晦日**」の字が当てられたのです。漢字の読み書きも出ます。

一年のなかでも最も大々的な月末は十二月末、つまり「**年末**」ですね。これを「**大晦日**」といいます。今は〝おおみそか〟と読んでいますが、古文では「**おほつごもり**」と読みます。

第7章

宗教と俗信

平安時代は仏教信仰が盛んでした。極楽往生を願って、多くの人が修行したり出家したりしました。病も祈りによって癒します。

また、暦や方角の吉凶占いをする俗信的習慣もありました。

人生の最終ゴールは極楽往生《ごくらくおうじょう》

平安時代の信仰は、おおざっぱにいうと仏教・神道《しんとう》・陰陽道《おんようどう》の三つに分けることができます。仏教は宗教として、神道は行事として、陰陽道は日常の占《うらな》いの術として、皇族・貴族の間に浸透していました。神道については宗教性はあまり大切ではなく、宮中《きゅうちゅう》や神社の行事（第6章）を知っておくだけで十分ですので、ここでは触れません。また、陰陽道はもともとの宗教性を失って占いや呪術《じゅじゅつ》として根づいてしまったので、別に次項で取り上げます。ここでは、とりあえず格式高い宗教としての仏教について説明します。

仏教信仰は人々の生活に密着していました。彼らはよく読経《どきょう》し、お寺参りに出かけます。病気を治すにも僧を呼んで祈禱《きとう》をしてもらいました。信仰の最終的な目標は「極楽往生《ごくらくおうじょう》」です。だから、皇族も貴族も女房《にょうぼう》たちも、晩年には多く出家《しゅっけ》を望みます。

本来の出家は俗世《ぞくせ》のすべてを断ち切るべきもので、家族さえも捨てて寺や山に籠《こも》ります。が、権力者の出家の場合は、宮中での高い地位や政治権力をそのまま持っている場合もあります。

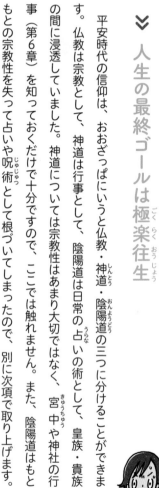

186 無《む》常《ジョウ》《じやう》・常《つね》ならぬ世《よ》 ＝ この世に永久不滅のものはないという考え

仏教信仰に入る背景に「無常観」という観念（考え方）があります。この世のものはすべて変化し、「**常にあるものは無い**」という考え方です。財産や権力や名誉を手に入れても、人に奪われることもあるし、第一死ねば終わりです。みなさんが今持っている若さもいずれは消え去るものですね。**この世には永久不滅のものなど何もない**のです。

「諸行《しょぎや(ョ)う》 無常」（万物《ばんぶつ》は無常）ともいいます。

この考えに立つ人は、仏のいる世界（極楽《ごくらく》）に安住の幸福を求めて信仰生活に入ることになります。不安定なこの世に宝を貯えるのではなく、永遠不滅の精神世界に宝を貯えようとするのです。**無常観と仏教信仰は表裏一体**のものです。現古融合文にもよく出てくる語です。

187 憂《う》き世《よ》 ＝ つらい俗世

無常観に立つと、この世は**生きるにつらい世界**です。名誉や金銭や情愛などのさまざまな欲望が渦《うず》巻く**俗世**を憂《うれ》えて、「憂き世」と呼びました。

◆浮き浮きと楽しむ「浮き世」は、近世（江戸時代）以降の考え方です。

188

世《よ》を捨《す》つ・世《よ》を棄《す》つ・世《よ》を遁《のが》る
世《よ》を背《そむ》く・世《よ》を離《か》る・世《よ》を厭《いと》ふ《ウ》 ＝ 出家《しゅっけ》する
御髪《みぐし》おろす・頭《かしら》おろす・発心《ほっしん》す

出家とは、**俗世間《ぞくせけん》を離れて仏道に専念する**ことをいいます。正式な出家は家族とも縁《えん》を切って寺（仏門）に入ります。が、実際は、ほかにもさまざまな出家のスタイルがありました。寺に属さず山に籠《こも》る**隠遁者《いんとんしゃ》**、そのまま家族と暮らす**在俗《ざいぞく》の僧**、晩年に極楽往生《ごくらくおうじょう》のためだけに**形式的な出家**をする人などです。最後の例は権力者に多く、政界で腹黒い策略にまみれた罪を死ぬ前に浄《きよ》めようとしたり、権力の維持に仏の加護を願ったりしました。

「世を～」の「世」は多義語（26・81ページ参照）ですが、この場合は「俗世《ぞくせ》」を意味します。俗世を「捨つ・棄つ・遁る・背く・離る・厭ふ」は、**俗世に対して拒否感の強い語群**ですね。「**御髪おろす**・頭おろす」は頭を丸めること、「発心す」は「仏道心を発《お》こす」と理解します。「出家」を「**受戒《じゅかい》**」「**剃髪《ていはつ》**」「**得度《とくど》**」とする大学もあります。

ついでにいうと、出家人の地味な僧衣を「墨染《すみぞ》め」「苔《こけ》の衣」「苔の袂《たもと》」などといいます。

189 聖《ひじり》・上《ショウ》《しやう》人《にん》・阿闍梨《あざり》《あじゃり》・僧《そう》正《ジョウ》《じやう》・僧《そう》都《ズ》《づ》・入《ニュウ》《にふ》道《ドウ》《だう》

＝高僧

＊「入道」は権力者に多い

「聖」は「**ひじり**」と読みます。聖なる者ということですから、高僧だとわかりますね。「上人」は「**しゃうにん**」と読みます。同じ「上人」でも、「**うへ《(エ)》びと**」と読むと宮中《きゅうちゅう》の**殿上人**《てんじょうびと》の意味になります（96ページ参照）。前後の文脈や場面に気をつけましょう。

「阿闍梨」は「**あざり**」「あじゃり」と読みます。「闍」の字は、ふだん私たちの使わない字で、いかにもお経に出てくる字（梵字《ぼんじ》）とわかりますね。

「僧正」「僧都」は「正」「都」の字に位の高さが表れています。以上の呼び名はすべて漢字の読み書きを問われます。

「入道」は「仏道に入る」ことです。「**入道**」と名のつく人は**権力者**であることが多く、もともと身分の高い人です。ほとんどが形式的な出家《しゅっけ》で、**位や政治権力**をそのまま持っています。たとえば「入道后宮《きさいのみや》」は「出家した中宮《ちゅうぐう》」のことです。また、**藤原道長**《ふじわらのみちなが》は「入道殿」と呼ばれましたし、**平清盛**《たいらのきよもり》も「入道清盛」と名のりました（251・253ページ⑪⑳参照）。

ついでにいうと、高僧ではない**一般の僧**をまとめて「**大衆**《だいしゅ》」といいます。

190 前《ぜん》世《ぜ》・先《せん》世《ぜ》・先《さき》の世《よ》 ＝ この世に生まれる前の世

191 現《げん》世《ぜ》・今《いま》の世《よ》 ＝ この世・現在の世

192 来《らい》世《せ》・後《ご》世《せ》・後《のち》の世《よ》 ＝ 死後の世界

＊「後の世」は多義語

仏教思想では、肉体は死んでも魂は生き続けると考えます。現在生きている世を「**現世**」、生まれる前に同じ魂が別の肉体（動物を含む）に宿っていた時期を「**前世**」「**先世**」といいます。

現世の幸不幸は、前世の行いが原因の結果で、それに応じた報いを受ける**因果応報**《いんがおうほう》と考えて、前世の罪を浄《きよ》めるために仏を信心《しんじん》します。

現世で仏を信心した魂は、死後に**極楽**《ごくらく》に導かれ、**仏として生まれ変わり**ます。これが「**極楽往生**《わ(お)うじゃ(よ)う》」です。逆に、悪業をなした者は、奈落《ならく》（地獄）に落ちます。死後の世界を「**来世**」「**後世**」といいます。「来世（後世）を願う」とは、極楽往生を願うことです。

往生できずに、魂が「前世・現世・来世」の「**三世**《さんぜ》」をめぐることを**輪廻**《りんね》といいます。

◆「後の世」には「後世《こうせい》」の意味もあり、仏教性の有無を文脈判断します。

193

西《さい》方《はう（ホウ）》浄《じやう（ジョウ）》土《ど》 ＝ 極《ごく》楽《らく》浄《じょう》土《ど》

仏教では、**西の方角**の遥《はる》かかなたに、阿弥陀仏《あみだぶつ》のいる**極楽浄土**があると信じています。だから、極楽浄土のことを「西方浄土」ともいいました。極楽浄土は、文字どおり極《きわ》めて楽しく浄《きよ》らかな土地のことです。仏を信じた者だけが、死後ここに導かれると信じていました。

ついでにいうと、仏教信者の**臨終**《りんじゅう》のときには極楽から仏が迎えにきて、極楽浄土に救い導くと考えていました。仏のお迎えを「**来迎**《らいか(コ)う》」、極楽浄土への導きを「**引摂**《いんぜふ(ジョウ)》」といいます。

モクテキチニトウチャクシマシタ?
えっ?
ここではないようだ
?
えっ?
裁縫上手《さいほうじょうず》

194

菩提《ぼだい》 ＝ ①悟《さと》りの境地　②極楽往生《ごくらくおうじょう》

人間の欲望や苦悩を「**煩悩**《ぼんな(ノ)う》」といいます。煩悩から脱出し解放されることを「**解脱**《げだつ》」といい、解脱と同時に訪れる平安な悟りの境地を「**菩提**」といいます。釈迦《しゃか》が樹の下でこの境地に到達した話は有名ですね。悟りを得た樹ということで菩提樹と名がついたのです。

生きているうちに煩悩を解脱すると、「**悟りの境地に入る**」といういい方になります。また、死んで極楽浄土《じょうど》に入れば、そこはまったく悩みのない至福《しふく》の世界ですから、極楽も「悟りの世界」といえます。だから、「菩提」には、「**極楽往生**」の意味もあります。

195

本意《ほい》 ＝ ①極楽往生《ごくらくおうじょう》を願うこと　②本来の希望や目的

「本意」は**仏教用語**で「本来の意志」のことです。仏教信者の本来の志《こころざし》は「**極楽往生を願うこと**」ですから、①の訳があります。

また、広く一般的な意味では、「まえまえからの**希望や目的**」の意味に使われます。前後の文脈をよく見て、①か②か決めましょう。

196 蓮台《れんだい》・蓮《はちす》の台《うてな》＝極楽往生《ごくらくおうじょう》

極楽往生のことを「蓮台・蓮の台」ともいいます。蓮は泥のなかに根を張って、水上でまっ白な花を咲かせます。人間も俗世《ぞくせ》という泥にまみれた罪のなかに生き、仏を信じて、死後天上《てんじょう》の世界でまっ白な純潔の存在になりますね。だから、比《ひ》喩《ゆ》的に「蓮台・蓮の台」というのです。この語は和歌や漢詩にもよく出てきます。

極楽往生することを「**蓮の台に乗る**」といいます。この表現も覚えておいてください。みなさんは仏像の足元に蓮を型どった台座（蓮華座《れんげざ》）があるのを見たことはありませんか。あるいは、お葬式の祭壇の横に蓮の造花が置いてあるのを見たことがあるかもしれません。すべて、極楽で仏になることを意味しているのですよ。

極楽往生には**九つの階級**があると信じられていました。これを「**九品蓮台**《くほんれんだい》」といいます。その九つの階級を大きく三つに分けて「上品《じゃ(ョ)うぼん》―中品《ちゅうぼん》―下品《げぼん》」といいます。「品」とは階級のことです。極楽で最高の階級に生まれなおすことを、「**上品**《じゃ(ョ)うぼん》**上生**《じゃ(ョ)うしゃ(ョ)う》**に生まる**」といいます。京都産業大が『源氏《げんじ》物語』の一節を出し、この表現の意味を正誤問題で試しました。

197 宿《すく》世《せ》・契《ちぎ》り＝宿命

＊「契り」は多義語

今は宿命といいますが、古文では「宿世」といいます。前《ぜん》世《ぜ》・現《げん》世《ぜ》・来《らい》世《せ》の三世に宿る不可思議な力ですね。「**すくせ**」の読みも出ます。

「契り」はもとは契約を意味し、「①約束 ②親しい仲・深い仲 ③**宿命**」の三つの訳を持つ多義語です（18ページ参照）。「宿命」は、仏が人間に対して一方的に決めた約束です。「契り」の場合は、前後の文脈を見て訳を決めましょう。

入試問題3
ℓ.1「契り」

198 道《ドウ》《だう》心《しん》＝仏道心

読んで字のとおり、仏道を修《おさ》めようと思う心のことです。ところで、出《しゅっ》家《け》の意志があっても、**仏道心**が心から湧《わ》き起こらないことがあります。大学に行きたいと思っていても、やる気が起こるかどうかは別問題というのと同じです。その場合は「**道心つき給へ**」（仏道心よ、ついてください）と仏に祈ったりもします。また、道心を保つためには誘惑のない山林などの**静かな環境**に身を置くべきだと、兼《けん》好《こう》法師は『徒《つれ》然《づれ》草《ぐさ》』に書いています（270ページ参照）。

199 行《おこな》ふ《ウ》・行《ぎやう》《ギヨウ》ず ＝ ①修《しゆ》行《ぎよう》する ②勤《ごん》行《ぎよう》する

礼拝《らいはい》して**読経**《どきょう》や**写経**などをすることを「行ふ」「行ず」といいます。内容的には同じことをするのですが、**出家**《しゅっけ》**した人**の場合は仏道を修《おさ》めることに専念するので「①**修行する**」といい、俗世《ぞくせ》にいる**一般の信徒**の場合は一定の時間を当てて勤めるので「②**勤行する**」といいます。

また、諸国をめぐって修行することを「**行脚**《あんぎゃ》」といいます。脚を使う修行ですね。さらに、諸国の人々に仏の教えを遊説《ゆうぜい》してまわることを「遊《ゆ》行《ぎゃう》」といいます。

入試問題4
ℓ.7「行ひ勤めて」

200 物《もの》の怪《け》 ＝ 悪霊《あくりょう》

＊「物の気《け》」「物の故《け》」の表記もある

昔は、原因のわからない不幸は悪霊（死霊《しりょう》・生霊《いきりょう》）のしわざと考えていました。**悪霊**を「**物の怪**」といいます。特に、**病気**は「物の怪」が憑《つ》いたと考えました。薬草を調合する医者「薬師《くすし》」もいましたが、病気の背後にいる物の怪を退治《たいじ》する祈禱《きとう》を重んじました。物の怪を退治することを「**調伏**《てう(チョウ)ぶく》」といいます。

入試問題12
ℓ.2「物怪」
問2 ウ「物怪調伏」

201

加《か》持《ぢジ》 ＝ **病気や災難を取り除くために物《もの》の怪《け》を調伏《ちょうぶく》する祈禱《きとう》**

物の怪を**調伏**するために、修験者《しゅげんじゃ》（次項参照）を呼んで**祈禱**をしてもらいます。この祈禱を「加持」といいます。「**寄りまし**」という人に**物の怪を乗り移らせ**て、物の怪の意志を語らせ、うまく退治《たいじ》します。高位の人の病気には、多くの修験者を集めて加持祈禱をさせ続けました。加持をしても悪霊《あくりょう》が立ち去らないことを「**物の怪強《こは(ワ)》し**」といいます。

入試問題12
ℓ.2、問1「加持」

202

験《げん》《しるし》 ＝ **加持《かじ》の効きめ**

験《げん》者《ざ》 ＝ **加持を行って病気を治す者・修験者《しゅげんじゃ》**

「験」は「**げん**」とも「**しるし**」とも読みます。一般的な意味では「**効きめ・効果**」と訳します。現代っ子がこの字を使うのは〝試験・実験〟ですね。勉強の効果を試すのが試験、頭で組み立てた理論の実際の効きめを確かめるのが実験ですから、「験」の字の根本的な意味は同じです。「験」が**仏教的**に使われると、「**加持の効きめ**」と訳します。

加持の験（効果）を表し、病気を治す修行をした者を「**験者**」といいます。

入試問題12
ℓ.1「験者」

203 籠《こも》る ＝ 祈願のために寺に泊まり込む・参籠《さんろう》する

宮中《きゅうちゅう》の人々、特に貴族の女性や女房《にょうぼう》たちは、ときどき**お寺参り**をしました。ふつうは日帰りではなく何日か**お寺に泊まり込み**ます。寺に籠りきりになるので「籠る」といいます。

女房たちがよく参籠したお寺には、**鞍馬寺**《くらまでら》（京都）・**石山**《いしやま》**寺**（滋賀）・**長谷**《はせ》**寺**（奈良）などがあります。これらの寺に参籠する場合には、寺に依頼して**局**《つぼね》（控えの部屋）を予約します。部屋といっても仏前に屏風《びょうぶ》や几帳《きちょう》を立てて仕切っただけのものです。そこに香《こう》や盥《たらい》や手水《ちょうず》を用意し、一晩じゅうお経を読んだりします。参籠のときには「**御燈**《みあかし》」と呼ばれる灯火《ともしび》と「**證**《あかし》（**証**《あかし》）**文**《ぶみ》」と呼ばれる願いごとの文を仏に奉《たてまつ》るのがふつうです。

宮中の女性はふだんはめったに外出しません。都の外に出るチャンスは、お寺参りくらいしか名目《めいもく》がありませんでした。だから、よほどの悩みごとで願《がん》かけに行く場合は別として、たいていは、お寺参りを観光旅行のように楽しんでいました。お寺のなかでの勤行《ごんぎょう》は真剣ですが、行き帰りの道中《どうちゅう》は**レジャー気分**だったと思ってください。近江《おうみ》（滋賀）の石山寺へ参るときなどは、琵琶湖が近いので舟遊びに興じることもありました。

204 庵《イオリ》《いほり》・草庵《くさのいほり》《イオリ》《そうあん》

＝①粗末な仮小屋　②僧や隠遁者《いんとんしゃ》などの住むささやかな家

草や木で造った**粗末な建物**を「庵」「草庵」といいます。俗世人《ぞくせびと》が庵を使う場合は、ふつうは住居としてではなく、農作業のための仮小屋です。「苫屋《とまや》」ともいいます。

一方、**俗世を捨てた人**の場合は、人里離れた山奥に住居として庵を建てます。世捨て人のなかには、出家《しゅっけ》した僧もいるし、僧ではないけれど俗世を嫌って隠れ住む人もいます。こうして山奥に籠《こも》ることを「**籠居**《ろうきょ》」といいます。**鴨長明**《かものちょうめい》は出家ののちに、**日野山**に方丈（一丈〈約3ｍ〉四方）の庵を建て、『**方丈記**《ほうじょうき》』を書き記しました（270ページ参照）。

205 閼《あ》伽《か》棚《だな》

＝**仏に供《そな》える水や花を置く棚**

庵の縁先などに「閼伽棚」を置き、**仏に水や花**を供えました。「閼」と「伽」は、いかにも経文《きょうもん》の字（梵字《ぼんじ》）ですから、仏教用語とわかりますね。

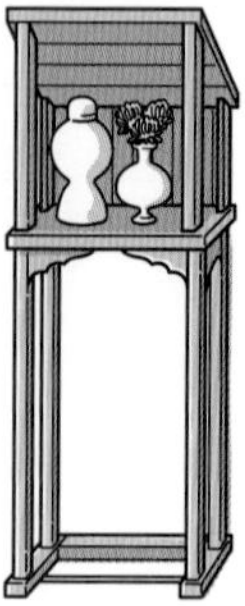

空前絶後の占《うらな》いブーム

陰陽道《おんようどう》はもとは万物《ばんぶつ》を体系的に説明しようとする宇宙理論でした。難しい理論なので覚える必要はありませんが、軽く解説しておくと、万物は60組の組み合わせで動いているという理論です。まず、宇宙を造っている「五行《ごぎゃ(ヨ)う》」（5つの構成要素）を、それぞれ「陽《よう》」（積極的なもの）と「陰《いん》」（消極的なもの）の2種類に分けて、「十干《じっかん》」（5要素×2種類＝10とおりの分類）を考え出しました。この「十干」に、みなさんもおなじみの「十二支《じふ(ユウ)にし》」を組み合わせて、60組の干支《えと》を考え出し、その組み合わせで宇宙を説明したのです。また、これを暦《こよみ》（年月日）・時刻・方角・順序を示す記号としても使いました。

陰陽道は中国では宗教や哲学へと発達しますが、日本では占い（易学《えきがく》）として定着しました。当時は何をするにも吉凶《きっきょう》占いをして日取りや時刻を決めたのです。外出や引越しは凶の方角を避けて移動しますし、凶日には仕事を休んでお経を唱えます。日常の吉凶だけでなく、政治の方針も占いで決めます。そのため、宮中《きゅうちゅう》には陰陽師《おんようじ》という占いの専門家がいました。こうした俗信《ぞくしん》的風習のいろいろを学んでください。

206 陰《おん》《おん》陽《ヨウ》《やう》《みやう》《ミヨウ》師《じ》《じ》 ＝ 陰《おん》陽《よう》博士《はかせ》

＊天文・暦《こよみ》・方位などにより吉凶《きっきょう》を占《うらな》う人

宮中《きゅうちゅう》に陰陽道のことを専門にする陰陽寮《りょう》という役所がありました。天文・暦・方位・時刻・気象などを扱う役所です。この役所には「陰陽師」という占い専門の博士がいて、さまざまなデータをもとに、国家の政策や権力者の個人生活のいろいろな事柄の**吉凶占い**をしました。

陰陽師には超能力が備わっていると考えられていました。自然の変異（天変地異《てんぺんちい》）から近い将来を予知し、これから起こりそうな吉凶を天皇に報告もしました。また、「**式神**《しきがみ》」という変幻自在《へんげんじざい》の神を自由に使う術《じゅつ》も持っていて、予言の成就《じょうじゅ》の確認に走らせたりします。

宮中は勢力争いの激しい政界ですから、さまざまな謀略が渦《うず》巻いています。場合によっては、ライバルが互いに陰陽師を使って呪詛《じゅそ》（呪《のろ》い）をかけることもあります。呪いの文字を器の底に書いて、蓋《ふた》をして通り路《みち》に埋めたりするのです。陰陽師は超能力により、呪いの品の隠し場所を察知して、相手の呪術を解くこともしました。

古文で最も有名な陰陽師は**安倍晴明**《あべのせいめい》です（253ページ⑲参照）。覚えておきましょう。

◆わが国の易学としての「陰陽」は「おんやう」もしくは「おんみやう」と読みます。中国の宇宙理論は「いんやう（インヨウ）」と読みますが、こちらは入試古文には出ません。

207 十二支《ジュウにし／じふ》＝子《ね》・丑《うし》・寅《とら》・卯《う》・辰《たつ》・巳《み》・午《うま》・未《ひつじ》・申《さる》・酉《とり》・戌《いぬ》・亥《ゐ(イ)》

十二支は、日本では方位や時刻や暦数《れきすう》を示す記号として使われました。まずは「子・丑…戌・亥」の十二の順序と漢字を暗記してください。

古時刻はこうして算出する！

入試では十二支の各時刻を問います。辞書や便《びん》覧《らん》には「子＝23時〜1時」「丑＝1時〜3時」などと幅で説明してありますが、それをすべて覚えるのはたいへんです。十二支のうち「**子**」と「**午**」だけを暗記して、あとは次に述べる算出法を使ってその場で考えたほうが簡単です。

まず、「**子＝0時**」と**中心時刻**を暗記してください。昔の時刻は二十四時間を十二支で表したのですから、〈24÷12＝2時間単位〉で呼び名が変わります。「子＝0時」のあとは「丑＝**2時**・寅＝**4時**・卯＝**6時…**」と中心時刻を**二時間ずつ増やす**だけです。

「**午＝12時**」も暗記します。今でも正午・午前・午後とこの字を使っていますね。「午＝12時」のあとは「未＝**14時**・申＝**16時**・酉＝**18時…**」と先ほどの要領で二時間ずつ足すのです。

もし「♡時〜♧時」と幅で問われたら、それぞれの**中心時刻にプラス・マイナス一時間の幅**です。「子＝0時」を幅で示すと、「23時〜1時」ですね（223ページ古時刻参照）。

また、各時刻の二時間幅をさらに四等分して、

「一《ひと》つ・二《ふた》つ・三《み》つ・四《よ》つ」といいます。〈2時間÷4＝30分〉なので、「**一つ＝30分単位**」と覚えます。たとえば、「子《ね》一つ＝23時〜23時30分」「子二つ＝23時30分〜0時」「子三つ＝0時〜0時30分」「子四つ＝0時30分〜1時」ですね。「**丑《うし》三つ＝2時〜2時30分**」は特に入試によく出ます。

古方位は円を描いて割り出す！

古方位を問われたら、まずは問題用紙の余白にくるりと円を描きます。円周上に区切りを入れて十二分割します。**円の真上**が「**子**」で、**右まわり**に「丑・寅…戌・亥」の順です。これに**東西南北を配置**すれば、方位は一目瞭然《いちもくりょうぜん》です。入試は時間との戦いです。十二分割した円周上にバカ丁寧に十二支を全部書き込むなどということはやめてください。たとえば「未の方位は？」と出されたら、心のなかで「子・丑…」と唱えながら、鉛筆を順に移動させて「未」の位置だけを確かめればすむことです。要領よくやりましょう。

208 十干《じっかん》＝甲《コウ》《かふ》《きのえ》・乙《おつ》《きのと》・丙《へい》《ひのえ》・丁《てい》《ひのと》・戊《ぼ》《つちのえ》・己《き》《つちのと》・庚《コウ》《かう》《かのえ》・辛《しん》《かのと》・壬《じん》《みずのえ》・癸《き》《みずのと》

十干そのものは入試には出ませんが、十二支と組み合わせて**暦《こよみ》に使った**ことは理解しておきましょう。たとえば、224ページの「庚」は十干、「申」は十二支ですね。

入試問題4 ℓ.14 「甲戌」

古時刻

午前0時頃を「子」の刻とし、以下、十二支を配して数えた。一刻＝2時間単位である。さらに一刻を四等分して「一つ・二つ・三つ・四つ」という。一つ＝30分単位である。

十二支	中心時刻	時間幅
子	0時	(23〜1時)
丑	2時	(1〜3時)
寅	4時	(3〜5時)
卯	6時	(5〜7時)
辰	8時	(7〜9時)
巳	10時	(9〜11時)
午	12時	(11〜13時)
未	14時	(13〜15時)
申	16時	(15〜17時)
酉	18時	(17〜19時)
戌	20時	(19〜21時)
亥	22時	(21〜23時)

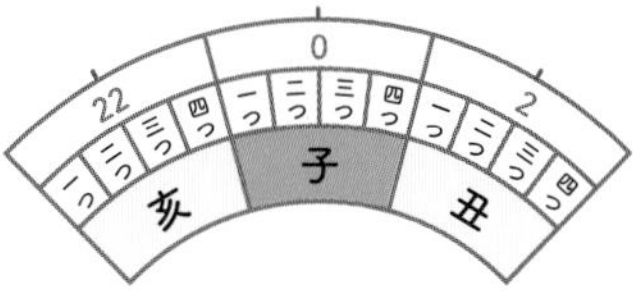

注：円で時刻を示しているのは視覚的に理解するためである。
実際の入試では左表の算出法を使うほうが、早くてミスも少ない。

古方位

方位を十二等分して、北を「子」とし、右まわりに十二支を配した。中間はたとえば北東を「うしとら」といった。

209

庚《コウ》《かう》申《しん》＝凶日《きょうじつ》の一つ。庚申の夜には体内の虫がその人の悪事を神に告げるという俗信《ぞくしん》がある。それを避けるために宮中《きゅうちゅう》で徹夜の催しをする

昔は十干十二支《じっかんじゅうにし》の組み合わせで暦《こよみ》を作りました。暦には吉日《きちじつ》・凶日があって、凶日には身を慎《つつし》みました。いろいろな凶日のなかに「庚申の日」というのがあります。十干の「庚」と十二支の「申」が組み合わさった日を「庚申」といい、六十日に一回めぐってきます。

人間の体内には生まれたときから三尸《さんし》という虫がいて、庚申の夜には眠っている人の爪《つめ》の先からこの虫が出てきて、神様にその人の悪事を告げ口するという俗信がありました。神様がその悪口を鬼籍《きせき》という死者の名簿に記しておいて、その人の寿命《じゅみょう》を決めると信じていたのです。

だから、当時の人々は「庚申」の夜は一睡もしません。天皇・中宮《ちゅうぐう》をはじめ大臣から女房《にょうぼう》まで宮中で一緒に徹夜をし、三尸の虫が悪口をいわないように呪文《じゅもん》を唱えました。また、眠くなるのを防ぐために**詩歌《しいか》や管弦《かんげん》の遊び**などを催します。長崎大が、庚申の夜の遊びの内容を問いました。

「庚申」の虫の俗信については、ふつう〔注〕が出ますから暗記の必要はありません。**徹夜の催し**をすることは覚えておいてください。

210 物忌《ものいみ》 ＝ 凶日《きょうじつ》に悪運を避けるため部屋に籠《こも》って読経《どきょう》などをすること

庚申《こうしん》の日以外にも、**忌《い》むべき日**（身を慎《つつし》むべき凶日）が年に何回もあります。全員に対して決まっている凶日ばかりではなく、その人その人によって違う忌むべき日もありました。暦《こよみ》の運勢《うんせい》のよくない日や、悪い夢を見た日、また死人などの穢《けが》れに触れたりしたときなどです。

こういう凶日には、自分にも人にも禍《わざわい》を及ぼさないために、外出も人に会うこともやめて、一日じゅう**部屋に籠って読経**などをして身を浄《きよ》めました。これを「物忌」といいます。もしも凶日が何日も続く場合はその日数、眠らずに物忌を行います。物忌の日は、仕事を休んでもよいことになっています。

「御物忌」と敬称がついた場合は、**高位の人物**の物忌です。高位の人がひとりで物忌をすることはなく、お仕《つか》えしている人々も一緒に勤行《ごんぎょう》します。大臣などの高官は自分の邸《やしき》のなかでこれを行います。宮中《きゅうちゅう》で「御物忌」をするときは、おもに**天皇のための物忌**です。宮中で働く人々は**宿直**して、みんなで天皇を禍から守りました。最低でも二十四時間、長ければ数日続きます。読経は多くの人が**交代**で途切《とぎ》れないように行いました。

入試問題9
ℓ.4「御物忌」、問1B「物忌」

211 方《かた》塞《ふた》がり ＝ 進む方角に神がいて行くことができないこと

方角にも吉凶があります。陰陽道《おんようどう》では、天一神《なかがみ》という神様が東西南北をくるくるまわっていて、**神のいる方角へは行ってはならない**としました。

これを「方塞がり」といいます。文字どおり、行こうとする方角を神に塞《ふさ》がれるということです。

212 方《かた》違《たが》へ《エ》 ＝ 方《かた》塞《ふた》がりのため方角を変えて泊まること

行きたい方角が「方塞がり」の場合は、方角をいったん変えます。たとえば北が方塞がりのときは、北東などの方角へ出るのです。昔は旅館がないので**知り合いの家**に泊めてもらい、神様が別の方角へ動くのを待ちました。**方角を変えて泊まる**ことを「方違へ」といいます。

「方違へ」を頼まれたら**快く泊めてご馳走《ちそう》する**のがマナーでした。また、旅に出るときは、無事を祈って道祖神《どうそしん》に「**幣**《ぬさ》」を捧げました。

213

厄年《やくどし》

＝凶運の年齢

＊その一年は身を慎《つつし》む

一生の間《あいだ》に災難が集中するといわれる年齢があり、これを「厄年」といいます。**物の怪**《もののけ》（悪霊《あくりょう》）につけ込まれやすい年で、仕事で失敗したり**病気**になったりしやすいと考えました。大胆な行動や無理をやめて、ふだんよりも**信心深い生活**《しんじん》を心がけます。厄年は今もありますが、昔の人は現代人よりもずっと深刻に受けとめました。厄年の年齢は時代によって異なるため〔注〕が出ますので、知る必要はありません。

214 夢《ゆめ》＝啓示・お告げ

＊夢に現れた者が自分に伝えようとするメッセージ

夢に人や神仏が出てきた場合、その人や神仏が**自分に何かを訴えようとして現れた**のだと考えました。

たとえば、夢にある**異性**が出てきたら、その人が自分に恋心を伝えようとしているのだと考えたのです。これは現代とはまったく逆の発想です。今なら自分がその異性を意識していて、その深層心理が夢に表れたと考えますね。ところが昔の人は、相手のほうが自分を恋い慕って、**夢のなかにまで会いにきた**と解釈するのです。ちょっとオメデタイ考え方だと思いますが、当時の人にとって夢は「**啓示・お告げ**」だったのです。

同じ考え方によって、**神仏**や**高位の人**が夢に現れた場合も、自分に何かを告げようとしているのだと解釈しました。尊敬すべき方《かた》の**夢のお告げは絶対である**と考えて、夢のとおりを実行します。「なぁんだ、夢か」ですます現代人とは、この点においても違っています。

ただし、夢に現れた人が恨《うら》み言《ごと》や呪《のろ》わしいことを語る場合は、**物《もの》の怪《け》**（悪霊《あくりょう》）のしわざだと考えました。こういう悪夢を見たときは、**読《ど》経《きょう》**や**お祓《はら》い**をして呪いを解きます。

215 夢《ゆめ》解《と》き・夢《ゆめ》合《あ》は《ワ》せ・夢《ゆめ》占《うら》 ＝ 夢で吉凶《きっきょう》を判断すること

自分の見た夢が何を啓示しているのかわからない場合は、**人に夢を語り**、判断してもらいます。身近な人に話すこともありますし、占《うらな》い師《し》に相談することもあります。「夢解き」は夢を解き明かすこと、「夢合はせ」は夢を考え合わせること、「夢占」は夢を占うことで、どれも**夢の解読**を意味していますね。

昔の人は何かにつけて**吉凶**を気にしました。その夢が吉夢か凶夢かをはっきりさせたうえで、凶夢（悪夢）の場合は**読《ど》経《きょう》**や**お祓《はら》い**をしたのです。

入試問題11 ℓ.2「夢語り」

入試問題11 ℓ.3、問2「あはするに」

216 占《うら》・卜《うら》＝占《うらな》い

占いを「**うら**」といいました。漢字の読み書きを問われます。

もともと「うら」とは**陰《かげ》に隠れた部分**を意味します。ちなみに、「うら」と読む字には「**裏・浦・心・占**」があります。「裏」は表に対する陰の部分、「浦」は海が陸地に入り込んだ部分、「心」は人間の奥深くの目に見えない部分、そして「占」は素人《しろうと》には見えない運勢《うんせい》…という意味で、四つとも語源は共通しているのです。早稲田大・立命館大・同志社大・関西学院大などは、「うら」に漢字を当てさせたことがあります。四つの漢字を覚えておいて、文脈判断してください。

夢を占うことは前項で話しました。それ以外にも、**政治**のことや**儀式の日取り**なども占います。日常的なレベルでは、髪の毛を洗ってもいい日なのか、爪を切ってもいい日なのかなどと、些細《ささい》なことでもいちいち占いに頼りました。

入試には関係ありませんが、占いにはいろいろな方法がありました。鹿《しか》の骨や亀《かめ》の甲羅《こうら》を焼いて裂け目の形で占ったり、街角に立ってたまたま聞こえた人の言葉で占ったりもしました。

プチカウンセラーのような所も…
それはひどい夢だ…
えーん

217

相《さう・ソウ》人《にん》＝人《にん》相《そう》で吉《きっ》凶《きょう》を判断する人

人相を見てその人の将来や運命を予知する人を「相人」といいます。

古文で有名なのは、『**源《げん》氏《じ》物語**』の〈桐壺《きりつぼ》の巻《まき》〉に出てくる「**高麗《こま》の相人**」です。桐壺帝（天皇）は、息子である**光《ひかる》源氏**が幼いときから類《たぐい》まれな才能を示すことに驚いていました。ちょうどそのころ、高麗（朝鮮）から人相見《にんそうみ》が来ていたので、ひそかに源氏の人相を見てもらいます。

高麗の相人は「帝《みかど》になるはずの人相がおありだが、帝になられると世が乱れるかもしれない。かといって臣下《しんか》として終わる方《かた》の人相ではない」と、複雑な判断をしました。帝は世の乱れを心配し、源氏を皇太子にも親王《しんのう》にもせず、**臣籍《しんせき》に下《くだ》す**ことにしました（56ページ参照）。

こうして源氏は臣下となり、天皇の位に就《つ》くことはありませんでしたが、桐壺帝の死後、冷泉帝《れいぜい》の気遣《きづか》いによって「**准太上《じゅんだいじゃ(ヨ)う》天皇**」（院に準ずる立場）という異例の地位に就きます。これが、高麗の相人のいった予言「天皇であって天皇ではなく、臣下であって臣下ではない」の成就《じょうじゅ》なのです。

◆『源氏物語』はフィクション（虚構）です。実際の宮中には「太上天皇（59ページ参照）」は存在しますが、「准太上天皇」という位はありません。

入試問題

入試問題に挑戦して、理解度をチェック!!

- 古文常識に直接触れる設問、およびそれに関連する設問だけを取り上げています。

- あまりにも長い文章については、本書ではところどころを略しています。大学側が省略したものではありません。

- 単語力・文法力の補助として、本書では本文のそばに全訳をつけています。まずは訳を見ないで解いてみましょう。解き終えたら、全訳を見て内容を確認してください。

- 下段は、本書で取り上げた関連用語と見出し番号です。必要に応じて参照してください。

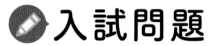

1 次の文章を読んで、後の問いに答えよ。

今は昔、河原《かはらの》院は融《とほる》の左大臣の造りたりける家なり。陸奥《みちのく》の塩竈《しほがま》の形《かた》をつくりて、潮《うしほ》の水を汲みて湛《たた》

・今となっては昔のことだが、河原院というお邸は源融左大臣が造った家である。奥州の塩釜の風景をまねて庭を造り、海水をわざわざ汲み寄せて(池に)満たしていた。

へたり。さまざま［A］ことをつくして住み給ひける。大臣《おとど》失せ給ひて後《のち》、宇多《うだ》の院にはたてまつりた

・いろいろ風雅なことの限りを尽くして住んでいらっしゃった。大臣が亡くなったのちに、(その子孫が)宇多院に(お邸を)さし上げたので

るなり。醍醐《だいご》御門《のみかど》は御子《みこ》にておはしましければ、たびたび［B］幸ありけり。……後略……

・あった。醍醐天皇は(宇多院の)御子でいらっしゃったので、ときどきお出ましになった。

『古本説話集』

(注) 河原院—賀茂川に面した京都六条坊門の南、万里小路《までのこうじ》の東にあった。

問1 文中の空白部Aに入れるべきもっとも適切なことばを次のうちから選び、符号で答えよ。

ア あやしき　イ をかしき
ウ かなしき　エ はかなき

問2 文中の空白部Bに適当な漢字を一字入れよ。

(千葉大)

〈解答・ポイント〉

問1 イ
左大臣が邸《やしき》の庭を造るのに、「風流」の限りを凝《こ》らしたのである(127ページ参照)。選択肢イの終止形「をかし」は、197ページ「雅び・色」の項を参照。

問2 御(行)
「御門が河原院へ行く」のである。天皇の外出は「御幸・行幸」である(80ページ参照)。

103 造りたりける家　54 河原院　34 失す　43 宇多の院　37 御門　62 行幸・御幸　177 をかし

2 次の文章を読んで、後の問いに答えよ。

藤壺《ふぢつぼ》・弘徽殿《こきでん》の上の御局《みつぼね》は、ほどもなく近きに、藤壺の方《かた》には小一条《こいちでう》の女御《にょうご》、弘徽殿にはこの后《きさき》の、

藤壺の上の御局と弘徽殿の上の御局とは、すぐ近くであるが、藤壺（の上の御局）のほうには小一条の女御（芳子）が、弘徽殿（の上の御局）のほうにはこの后（安子）が、

のぼりておはしましあへるを、いとやすからず、えやしづめがたくおはしましけむ、中隔《なかへだて》の壁に穴をあけて

同時に（天皇のために）参上していらっしゃることを、（后は）たいそう心穏やかでなく、（そのお心を）静めることができなくていらっしゃったのであろうか、中仕切の壁に穴をあけて（后が）おのぞき

のぞかせたまひけるに、女御の御かたちいとうつくしく、めでたくおはしましければ、「むべ、(1)ときめく

になったところ、女御のご容貌がとてもかわいらしく、すばらしくていらっしゃったので、「なるほど、（このお美しさ

にこそありけれ」と御覧ずるに、いとど心やましくならせたまひて、穴よりとほるばかりの土器《かはらけ》の破《わ》れ

だから（村上天皇の）ご寵愛が深いのだな」と（思って）ご覧になっていると、ますますねたましくおなりになって、（その壁の）穴から通るくらいの（小さな）土器のかけらで

して打たせたまへりければ、帝《みかど》おはしますほどにて、こればかりはえ堪《た》へさせたまはず、むつかりおは

（お側仕えの女房に穴越しに）打たせなさったところ、（あいにく）天皇がいらっしゃるときであって、（天皇も）このことだけには我慢がおできにならず、ご機嫌を損ねなさって、

しまして、…後略…

『大鏡』

問1 傍線部分（1）「ときめくにこそありけれ」を、意味がよくわかるように語句を補って、口語訳せよ。

（筑波大）

〈解答・ポイント〉

問1 天皇のご寵愛を受けるのであるなあ。

「藤壺」と「弘徽殿」がともに天皇の最有力の妻が入る部屋であるとわかることがポイント。后が女御の美しさに嫉妬する場面。「ときめく」は83ページ参照。

50 藤壺　49 弘徽殿　52 藤壺・弘徽殿の上の御局　39 女御　38 后　69 のぼる
68 ときめく　37 帝

3 **次の文章は、恋人に死なれた筆者、建礼門院右京大夫が宮中に再出仕することになった時の感慨を記したものである。これを読んで、後の問いに答えよ。**

…前略… 思ひのほかに、年へてのち、また九重の中を見し身の契り、かへすがへすさだめなく、わが
（思いもよらないことに、年月を経たあと、再び宮中のなかを見たわが身の宿命は、かえすがえすも不安定で、私の）

心のうちもすぞろはし。藤壺の方ざまなど見るにも、昔住みなれしことのみ思ひいでられて悲しきに、
（心のなかも何となく落ち着かない。（かつてお仕えしていた）藤壺の部屋のほうを見るにつけても、昔住みなれたことばかりふと思い出されて悲しいうえに、）

御しつらひも世のけしきもかはりたることなきに、ただわが心のうちばかりくだけまさる悲しさ。月のく
（（お部屋の）装飾もまわりの様子も（昔と）変わったことがないのに、ただ（恋人を失った）私の心のなかだけがますます思い乱れる悲しさよ。月が曇りな）

まなきをながめて、おぼえぬこともなく、かきくらさるる。昔かろらかなる［ A ］などにて見し人々、
（く澄んでいるのを眺めて物思いにふけって、思い出さないことは（何ひとつ）なく、思わず悲しみにくれる。昔（出仕していた頃は）軽い身分の殿上人などとして見ていた方々が、）

重々しき［ B ］にてあるも、C とぞあらまし、かくぞあらましなど思ひ続けられて、ありしよりもけに、
（（今は）重い身分の上達部であるのも、（もし恋人が生きていれば）ああだったろう、こうだったろうなどとふと思い続けて、昔（恋人を失ったとき）よりもひどく、）

心のうちはやらむかたなく悲しきこと、何にかは似む。…後略…
（心のなかは気の晴らしようもなく悲しいことは、何にたとえようもない。）

『建礼門院右京大夫集』

問1 **空欄A・Bにはどのような意味のことばが入るか、次の1～5の組合せの中からもっとも適当なものを一つ選べ。**

1 A 地下人　B 殿上人

2 A 殿上人　B 上達部

3 A 公家　B 堂上

4 A 下部　B 上臈

5 A 月卿　B 雲客

44 建礼門院　85 右京大夫　56 出仕　46 九重　197 契り　50 藤壺　108 御しつらひ　76 地下人
75 殿上人・堂上・雲客　74 上達部・公家・月卿　93 上臈

問2

傍線部C「とぞあらまし、かくぞあらまし」の解釈として、もっとも適当なものを、次の1～5の中から一つ選べ。

1 今後このようにして宮仕えをしよう、あのようにして仕えよう。
2 あの人たちの昔の生活はああだった、こうだった。
3 あの人が生きていればああであったろう、こうであったろう。
4 私が宮仕えを続けていたら、今はこのようになっているはずだ。あのようになっているはずだ。
5 あの方々は将来出世してあのようになるであろう、このようになるであろう。

（専修大）

〈解答・ポイント〉

★作者が「建礼門院」に仕えた女房（右京《うきょう》大夫《のだいぶ》）であると気づくこと。

問1 2

「かろらかなるA」だと見ていた人々が「重々しきB」に出世するのだから、AよりBが上位で、3と5は消せる。1の「A地下人」は国守などで、作者（女房）が日常宮中で会う人々ではなく、「見し人々」と矛盾。ABCとも同じ一文のなかにあり、文末に「悲しきこと」とあるので、すべて恋人（男性）のことを思っている部分である。4の「上臈」は女房（女性）なのでダメ。

問2 3

Cも文末の「悲しきこと」に続くので、恋人のことを思うのである。

★問1と問2は文脈上、相互に補い合う関係になっており、設問に連動性がある。「恋人がもし生きていれば、殿上人から上達部に出世しているだろうに」と思うのである。

4 次の文章を読んで、後の問いに答えよ。

この大臣《おとど》は一条摂政と申しき。これ九条殿の一男におはします。帝《みかど》の御伯父《をぢ》、東宮の御祖父《おほぢ》にて、摂政

この大臣は一条の摂政と申した。この方は九条殿の長男でいらっしゃる。天皇の御伯父で、皇太子の御祖父であり、摂政を

せさせ給へば、世の中はわが御心にかなはぬことなし。御年五十にだにたらで失《う》せさせ給へるあたらしさ

なさったので、政治のことはご自分のお心のままにならないことはない。御年五十にさえもならずにお亡くなりになったもったいなさは、

は、父大臣にも劣らせ給はせずこそ、世の人惜しみ奉りしか。

父大臣にもお劣りにならないくらい、世間の人が惜しみ申し上げた。

その御男女君たちあまたおはしましき。女君一人は冷泉院の御時の女御にて、花山院の御母、贈皇太后

その（大臣の）男君姫君たちはおおぜいいらっしゃった。姫君のおひとりは冷泉院の御代の女御で、花山院の御母君、のちに贈皇太后

にならせ給ひにき。次々の女君二人は、法住寺の大臣（藤原為光）の北の方にて、うち続き失せ給ひにき。

におなりになった。つづいての姫君おふたりは、法住寺の大臣為光の夫人となられ、うち続いてお亡くなりになった。

九の君は冷泉院の御皇子の弾正の宮（為尊親王）の御上《うへ》にておはせしを、その宮失せ給ひて後、尼にてい

九番目の君は冷泉院の御皇子の弾正の宮為尊親王の御夫人でいらっしゃったが、その親王がお亡くなりなされたあとは、尼になって熱心

みじう行ひ勤めておはすめり。

に仏道修行に精進しておられるようだ。

また、忠君の兵衛の督《かみ》（藤原忠君）の北の方におはせしが、のちには六条の左大臣殿（源重信）の御子

また、忠君の兵衛の督の夫人でいらっしゃったが、のちには六条の左大臣重信のお子様の

の右大弁（致方《むねかた》）の上にておはしけるは、四の君とこそは。

右大弁致方の夫人となっていらっしゃったのは、四番目の君と（うけたまわっております）。

また、花山院の御妹の女一の宮（宗子内親王）は失せ給ひにき。女二の宮（尊子内親王）は冷泉院の御

また、花山院のご姉妹の女一の宮宗子内親王はお亡くなりになった。女二の宮尊子内親王は冷泉院の御代の斎宮に

時の斎宮に立たせ給ひて後、円融院の御時の女御に参り給ひしに、程もなく内裏《うち》の焼けにしかば、火の宮

お立ちになってのち、円融院の御代の女御として入内なされたが、まもなく内裏が焼けてしまったので、（この内親王を）

と世の人もつけ奉りき。さて、二三度参り給ひて後、程もなく失せ給ひにき。

火の宮と世間の人がおつけ申し上げた。そうして、二・三度参内なさってのち、まもなくお亡くなりになった。

72 摂政　37 帝　41 東宮　65 世の中　34 失す　43 冷泉院・花山院・円融院　39 女御
44 皇太后　100 北の方・上　102 九の君・四の君　45 弾正の宮　40 親王・内親王　199 行ふ
45 一の宮・二の宮　42 斎宮　46 内裏

男君たちは代明《よあきら》親王の御女《むすめ》の腹に、前少将挙賢《たかかた》、後少将義孝《よしたか》とて、イ花を折り給ひし君達の、殿失せ給
（大臣の）男のお子様方は代明親王の姫君のお生みになった方に、前少将挙賢、後少将義孝と申して、華やかに飾っておられる若君たちでしたが、殿（父大臣）が
ひて三年ばかりありて、天延二年甲戌《きのえいぬ》の年、もがさのおこりたるに煩《わづら》ひ給ひて、前少将は朝《あした》に失せ、後少
亡くなられて三年ばかりたって、天延二年甲戌の年、天然痘の流行したのにおかかりになって、前少将は朝にお亡くなりに、後少将
将は夕べにかくれ給ひにしぞかし。一日がうちに二人の子を失なひ給へりし母北の方の御心地いかなりけ
は夕方にお亡くなりになってしまったのだよ。一日のうちにふたりのお子様を亡くされた母である（大臣）夫人のお気持ちはどんなだっただろう、
む、いとこそ悲しくうけたまはりしか。…後略…
まことに悲しくうけたまわった。

『大鏡』

問1　**傍線部イの現代語訳として適当なものを次から選び、その記号をマークせよ。**

a　野山に入って自由に行動しておられた若君
b　はかなく亡くなってしまわれた若君
c　身のまわりを華やかに飾っていらっしゃった若君
d　仏道修行に精進していらっしゃった若君
e　いつも女性に花を贈っていらっしゃった若君

〈解答・ポイント〉
問1　c
「花を折る」は、花を折って「挿頭」にすること（157ページ参照）。よって、オシャレであることを意味する。

40 親王　23 22 〜の御女の腹　133 花を折る　101 君達　99 殿　34 失す・隠る　208 甲戌
100 北の方　102 若君

問2　後の系図の①～⑦の中に入る人物を右の文の〰〰〰線部に相当する次から選び、その記号をマークせよ。

a　冷泉院　　b　花山院
c　贈皇太后　　d　九の君
e　弾正の宮（為尊親王）　　f　代明親王の御女《むすめ》
g　前少将挙賢　　h　後少将義孝

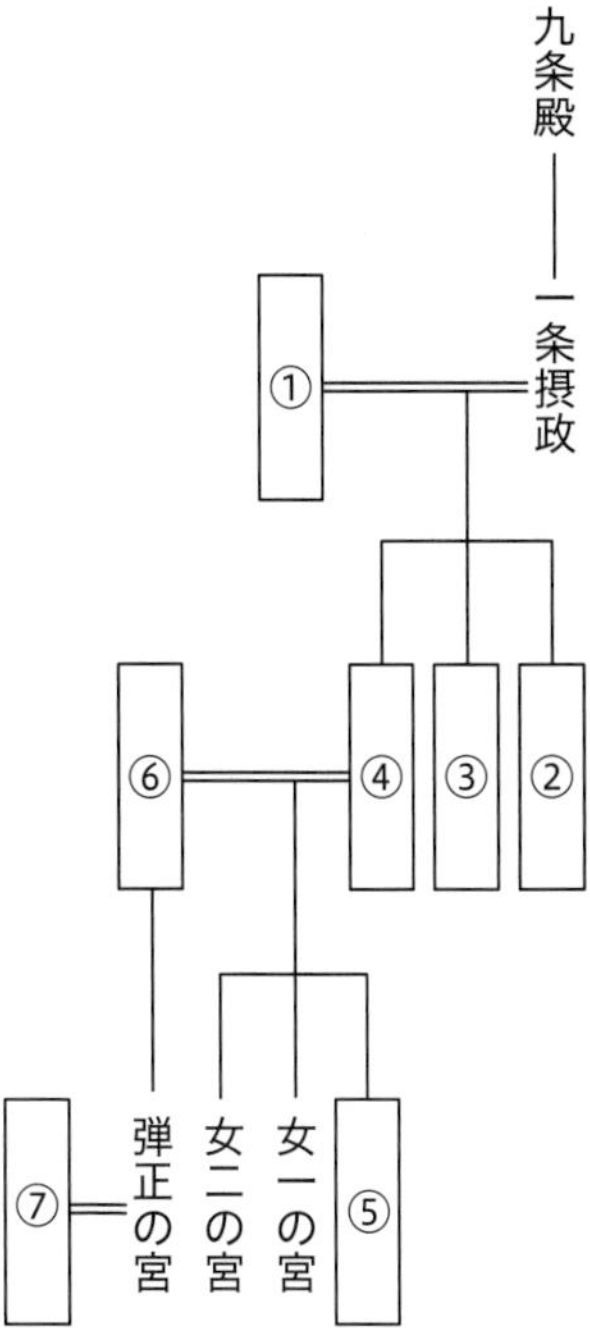

（関西大）

〈解答・ポイント〉
問2　①f　②g　③h　④c
⑤b　⑥a　⑦d

本文中に出てくる家族の呼び名や続柄を示す用語を理解していることがポイント。第1章の「一般的な家族の呼び名」、第2章の「天皇家の人々」、第4章の「貴族の家族の呼び名」を参照。また、系図は、原則として、右に上位の者が位置し、左へいくにつれて下がる。男女は男が上位で、夫婦の場合は夫が右、兄弟姉妹の場合は兄弟が右にくる。同性のきょうだいは年上が右である。ただし、夫婦関係は、紙面の簡素化のために位置を逆にする場合もあり、④・⑥はその例である。

5 次の文章を読んで、後の問いに答えよ。

…前略… 「五節の局《つぼね》を …中略… なほうるはしながらこそあらめ」とのたまはせて、…中略…
「五節の（ときの）控え室を……　やはりきちんと整えているのがよい」と（中宮が）おっしゃって、

几帳どものほころび結ひつつ、こぼれ出でたり。
几帳などの縫い残しの部分を　綴じ合わせながらも、（袖口が）外に出ている。

小兵衛といふが、赤紐のとけたるを、「これ結ばばや」といへば …後略…
小兵衛という（女房）が、（小忌衣の）赤い紐がほどけたのを、「これを結びたい」というと、

『枕草子』

問1 傍線部「こぼれ出でたり」は、何がこぼれ出たのか。

イ 糸くずなど　ロ 几帳の端
ハ 五節の道具　ニ 小兵衛の赤紐
ホ 女房の袖口

（関西学院大）

〈解答・ポイント〉
問1 ホ
「几帳のほころび」は几帳の裾《すそ》の縫い合わせていない部分。そこから「出ている」のは、前の文脈から「うるはし」いものである。「打出」（158ページ参照）の知識を要求する設問。ニ「小兵衛の赤紐」は別段落なので文脈外。

152 五節　52 局　115 几帳どものほころび　154 赤紐　134 女房の袖口

6 次の文章を読んで、後の問いに答えよ。

…前略…この今の上の御もとには、女房三十人ばかり、[a]着せて、えもいはずさうぞきて、するゐ並べて、しつらひ有様よりはじめて、めでたくしたてて、かしづききこゆることかぎりなし。大将歩きて帰りたまふ折は、冬は火おほらかに埋みて、薫物《たきもの》多きにつくりて、伏籠《ふせご》うち置きて、[b]をば、暖かにてぞ着せたてまつりたまふ。炭櫃に銀の提子《ひさげ》二十ばかりを据ゑて、さまざまの薬を置き並べてまゐりたまふ。また、寝たまふ[c]に、綿入れてぞ敷かせたてまつらせたまふ。寝たまふ時には、大きなる熨斗《のし》持ちたる女房三四人ばかり出で来て、かの大殿籠る筵《むしろ》をば、暖かにのしなでてぞ寝させたてまつりたまふ。…後略…

この新しい夫人のお邸では、女房三十人ほどに、裳や唐衣を着せて、何ともいいようのないほどに着飾って、ずらりと座らせて、部屋の飾りをはじめとしてすべてすばらしく飾り立てて、(大将を)大切にお世話し申し上げることはこのうえもありません。大将が外出されて帰ってこられるときには、冬ならば炭火をたくさん炭櫃にいけ、香を多めに薫き、それに伏籠をかぶせておいて、ふだん着のご衣服を暖かくしておいてお着せ申し上げなさいます。炭櫃には銀製の提子を二十ほどかけておいて、いろいろな薬湯を並べ置いてさし上げなさいます。また、おやすみになる畳の上筵には、綿を入れて敷かせ申し上げなさいます。おやすみになられるときには、大きな火熨斗を持った女房が三、四人ほど出てきて、そのおやすみになられる筵を、暖かくのしなでてお寝かせ申し上げなさいます。

『大鏡』

100 上　89 女房　124 さうぞく　108 しつらひ　145 薫物・伏籠　139 炭櫃　141 提子　143 熨斗

問1 文中の[a]～[c]に入るもっとも適当な語句を、それぞれ次の中から選び、その記号の記入欄にマークせよ。

イ 大きなる几帳　　ロ 褻《け》に着たまふ御衣

ハ 束帯　　ニ 畳の上筵《うはむしろ》

ホ 裳・唐衣

（早稲田大）

〈解答・ポイント〉

問1 a＝ホ　b＝ロ　c＝ニ

★文章全体が、夫（大将）をもてなす妻（上）の配慮であることをつかむ。

aは女房の着物。ハは男性の着物だからダメ。ロの「褻」は「ふだん着」で、ホは女性の「正装」。念入りなもてなしから考えるとホ。

bは大将に着せる男性の着物だが、文脈上くつろぎを与える衣。

cは6行目の「筵」が根拠。

7 次の文章を読んで、後の問いに答えよ。

…前略… 十二歳にて、御前にて[1]かうぶりせさせて、内舎人になさせたまふ。あけくれこの人をもて
十二歳のときに、(天皇はこの人を)お側で元服させて、内舎人に任命なさる。明けても暮れてもこの人をかわいがり

あそばせたまふに、いたらぬことなくかしこければ、つかさ[2]かうぶりもほどなく賜はりて、十六といふ年、
なさるにつけ、至らぬことなく賢いので、(この人は)官位も間もなくいただいて、十六歳のときに、

式部少輔・右少弁・中衛少将をかけて、従上の五位になりぬ。…後略…
式部少輔、右少弁、中衛少将の職を兼任して、従上の五位の地位についた。

『松浦宮物語』

問1 傍線部1、2の「かうぶり」はそれぞれどの意味で使われているか。つぎのイ～チのうちから選び、記号をマークせよ。

イ 挿頭《かざし》　ロ 被《かず》け物
ハ 披露　ニ 位階
ホ 裳着　ヘ 元服
ト 官職　チ 低頭

（法政大）

〈解答・ポイント〉
問1 1＝ヘ 2＝ニ
「かうぶり」は「冠」のこと。「冠《かぶ》り物」であるが、「五位の位をいただく」ことや「元服」の意味でも用いられる（42・148ページ参照）。
1は「十二歳」の年齢がポイント。2は文末の「五位になりぬ」がポイント。

37 御前　31 かうぶり　81 内舎人　125 かうぶり…賜はる　133 挿頭　124 被け物　125 位階
32 裳着　31 元服

8 次の文章を読んで、後の問いに答えよ。

治承などのころなりしにや、豊明のころ、上西門院の女房、イもの見に車二つばかりにてまゐられたりし、

治承などの頃だったでしょうか。豊明節会の頃に、上西門院の女房たちが、見物のために牛車二両ほどで参内なさいましたが、

とりどりに見えし中に、小宰相殿といひし人のびん額のかかりまで殊に目とまりしを、年頃心にかけてい

（その姿が）それぞれに（美しく）見えたなかでも、小宰相殿と呼ばれていた女房の鬢《びん》額の髪のかかりようまで特に（美しくて）目がひかれたことでしたが、（この小宰相に）長年思いをかけて

ひける人の、通盛の朝臣にとられて嘆くとききし、げに思ふもことわりと覚えしかば、その人の許へ、

求婚し続けていた人が、平通盛朝臣にとられて嘆いていると聞いたことがありました。本当に（あれほどの美人ならそう思うのも）道理だと思えましたので、その人のところに（歌を贈りました。）

さこそげに君なげくらめ心そめし山の紅葉を人にをられて

さぞかし本当にあなたは嘆いておられるのでしょうね。心を染め深く思い込みなさった、山の紅葉のように美しい小宰相殿を人にとられて。

……後略……

『建礼門院右京大夫集』

（注）上西門院—鳥羽天皇の皇女、統子内親王。　小宰相殿—刑部卿藤原憲方女。

問1　傍線部イ「もの見に…まゐられたり」とあるが、何を見に行ったのか、記せ。

（関西学院大）

〈解答・ポイント〉

問1　豊明節会（五節の舞）

宮中行事を知らないと、誤って和歌中の「山の紅葉」を解答してしまう。傍線中の「まゐる」の謙譲表現から見ても、高位の場所（宮中）へ何かを見に行くのである。

152 豊明　44 上西門院　90 門院の女房　147 車　86 朝臣

9 次の文章を読んで、後の問いに答えよ。

村上の御時に、宣耀殿《せんえうでん》の女御ときこえけるは、小一条の左の大臣殿《おほいどの》の御女《むすめ》にはおはしけると、たれかは
村上天皇の御代に、宣耀殿の女御と申し上げた方は、小一条の左大臣の御娘でいらっしゃると、誰が存じ上げない

知り奉らざらん。まだ姫君ときこえける時、父大臣《おとど》のをしへきこえ給ひけることは、「ひとつには御A手を
だろうか、みな存じ上げている。（その方が）まだ姫君と申し上げた頃、父の大臣が教え申し上げなさったことは、「第一に書道をお習いなさい。

ならひ給へ。つぎにはきんの御琴を、人よりことにひきまさらんとおぼせ。さては古今の歌二十巻《はたまき》をみなう
次にはきんのお琴を、人より特に上手に弾けるようになろうとお思いなさい。そしてまた、『古今集』の和歌二十巻をすべて暗誦なさる

かべさせ給ふを御学問にはせさせ給へ」となんきこえ給ひけると、きこし召しおきて、御B物忌なりける日、
ことを御学問になさいませ」と申し上げなさったと、（天皇が）お聞きになっていて、御物忌であった日、

古今をもてわたらせ給ひて、御C几帳を引き隔てさせ給ひければ、…後略…
「古今集」を持って（女御のお部屋に）おいでになり、御几帳を間にお引きになったので、

『枕草子』

（注）1 村上－第六十二代村上天皇。第六十六代一条天皇の御祖父。
2 宣耀殿の女御－藤原師尹の娘芳子。村上天皇の女御。
3 小一条の左の大臣－左大臣藤原師尹。小一条に邸宅があった。

39 女御　23 ～の御女　102 姫君　174 手　173 御琴　210 物忌　115 几帳

問1 傍線部B・Cの読み方を現代仮名遣いで記せ。

問2 傍線部Aの語は、ここではどういう意味で用いられているか。次に挙げる辞書的な意味のいずれがあてはまるか。最も適当な場合を選んで、番号で答えよ。

1 手段　2 文字　3 技術　4 舞の型

問3 「枕草子」の作者は、次の中のだれか。番号で答えよ。

1 藤原為時の女　2 大江雅致の女
3 菅原孝標の女　4 藤原倫寧の女
5 清原元輔の女　6 藤原顕綱の女

（東洋大）

〈解答・ポイント〉

問1 B＝ものいみ
C＝きちょう

問2 2

「手」は「筆蹟」（＝文字）か「楽器の腕前」（＝技術）のいずれか（194ページ参照）。左大臣は「ひとつには御手…つぎには…御琴…、さては歌…」と、姫君に三つの教養を学ばせようとしている。

問3 5

252ページの「清少納言」、71ページの「梨壺の五人」を参照。選択肢の「…の女」は36ページに記したとおり、すべて「娘」の意味。

23 ～の女　51 清原元輔

10 次の文章を読んで、後の問いに答えよ。

(1)十七日の月さし出でて、河原のほど、御さきの火もほのかなるに、　…後略…

十七日の月が出て、川原のあたりには、御先払いの者のたいまつの火もかすかに見えるが、

『源氏物語』

問1　傍線(1)の月は、何と呼ばれているか。正しい記号にマークせよ。

A　ねまちづき
B　もちづき
C　いざよひづき
D　ゐまちづき
E　たちまちづき

（東海大）

〈解答・ポイント〉
問1　E
Bは十五夜満月、Cは十六夜月で、十七日～十九日の月は「E立待月―D居待月―A寝待月」の順（199～201ページ参照）。

83 御さき　182 ねまちづき　178 もちづき　179 いざよひづき　181 ゐまちづき　180 たちまちづき

11 次の文章を読んで、後の問いに答えよ。

・むかし、世心つける女、いかで心なさけあらむをとこにあひえてしがなとおもへど、言ひ出でむもた

（昔、男を慕う心の強い女が、なんとかして愛情の深い男と愛を交わしたいと思ったが、いい出す機会もないので、）

・よりなさに、まことならぬ夢語りをす。子三人を呼びて、かたりけり。二人の子は、なさけなくいらへて

（作り話の夢語りをした。子ども三人を呼んで、話して聞かせた。ふたりの子どもは、そっけなく返事して終わってしまった。）

・止みぬ。三郎なりける子なん、「よき御男ぞいでこむ」とあはするに、この女、気色いとよし。……後略……

（三男であった子どもが、「よい殿方が現れるでしょう」と夢解きをすると、この女は機嫌がたいそうよい。）

『伊勢物語』

問1 **傍線部A「世心つける女」の意味は何か。最も適当なものを、次の1〜4の中から選べ。**

1 異性に強い関心を持つ女　2 世間ずれした女
3 浮気な女　4 世情に通じた女

問2 **傍線部B「あはするに」の意味は何か。最も適当なものを、次の1〜4の中から選べ。**

1 口うらを合わせたところ　2 女を男に会わせたところ
3 女に同調したところ　4 夢を解釈したところ

（学習院大）

〈解答・ポイント〉

問1 1
「世・世の中」は多義語（26・81ページ参照）。後文「をとこにあひ」から判断する（18ページ参照）。3「浮気」の意味はない。

問2 4
女（母）が「夢語り」をしたのを、三郎（三男）が「あはする」のだから、「夢合はせ」をすることである。嘘の「夢語り」ではあるが、三郎は母の気持ちをくんで、「解釈した」のである（229ページ参照）。

13 世　4 あふ　215 夢語り・夢合はせ

12 次の文章を読んで、後の問いに答えよ。

…前略…にはかにわづらふ人のあるに、験者《げんざ》もとむるに、例ある所になくて、外《ほか》に尋ねありくほど、

急に病気になった人があるので、修験者を探し求めると、いつもいる所にはいなくて、別の所にいるのを探しまわっているうちに、

いと待ち遠に久しきに、からうじて待ちつけて、よろこびながら①加持せさするに、このころ(ア)物怪《もののけ》にあ

たいへん待ち遠しくて長い時間がたつが、やっとの思いで迎え入れて、喜びながら加持祈禱させると、このごろ（あちこちの）物怪調伏（で病気

づかりて困《こう》じにけるにや、居るままにすなはち、ねぶり声なる、いとにくし。…後略…

を治すこと）に疲れてしまったのであるか、座るやいなや、（読経が）眠り声になるのは、ひどくにくらしい。

『枕草子』

問1　傍線部①の読み方を、ひらがな・新かなづかいで示せ。

問2　傍線部(ア)の口語訳として、最も適当と思うものを、次の中から選び、記号で答えよ。

ア　物怪にかかわって困っているのか。
イ　物怪にたのまれて困惑したのか。
ウ　物怪調伏に疲れ切っているのか。
エ　物怪にとりつかれて疲れたのか。

（成城大）

〈解答・ポイント〉
問1　かじ
問2　ウ
「験者」が「物の怪を調伏《ちょうぶく》する者」であるとわかるかがポイント（216ページ参照）。「困ず」は後文の「ねぶり（眠り）声」から察すると、「疲労困憊《こんぱい》」しているとわかる。

202 験者　201 加持　200 物怪・調伏

付表1

平安の有名人

入試問題に取り上げられる文章によく登場する有名人を列挙しておきます。各人物の立場や特徴を知っていると、文章が読みやすくなります。

文学史上の重要度で選んだ人物たちではありません。あくまで文章を読むための背景知識としてとらえてください。

1 **菅原道真《すがわらのみちざね》**

宇多《うだ》天皇に重用《ちょうよう》され、醍醐《だいご》天皇のとき右大臣となるが、左大臣藤原時平《ときひら》の陰謀により大宰権帥《だざいのごんのそち》に左遷《させん》される。「東風《こち》吹かば／にほひおこせよ／梅の花／あるじなしとて／春な忘れそ」の和歌で有名。

2 **紀貫之《きのつらゆき》**

『古今《こきん》和歌集』の撰者《せんじゃ》のひとりで、「仮名序《かなじょ》」を書く。『土佐《とさ》日記』の作者。ひらがな文学を確立させる。

3 **在原業平《ありわらのなりひら》**

六歌仙《ろっかせん》のひとり。『伊勢《いせ》物語』の主人公のモデル。「在五中将《ざいごのちゅうじょう》」とも呼ばれた。

4 **清原元輔《きよはらのもとすけ》**

『後撰《ごせん》和歌集』の撰者「梨壺《なしつぼ》の五人」のひとり。清少納言《せいしょうなごん》の父。

5 **花山《かざん》天皇**

藤原兼家《かねいえ》とその息子道兼《みちかね》にだまされて出家《しゅっけ》し、退位に追い込まれたことが『大鏡《おおかがみ》』に見られる。花山院となったのち、『拾遺《しゅうい》和歌集』の編集を命じる。

6 藤原兼家《ふじわらのかねいえ》

花山《かざん》天皇を退位させ、娘の詮子《せんし》が生んだ皇子《おうじ》を一条《いちじょう》天皇として擁立、自ら摂政《せっしょう》として外戚《がいせき》政治をする。第一夫人との間《あいだ》にもうけた息子に藤原道隆《みちたか》・道兼《みちかね》・道長《みちなが》がいる。第二夫人は『蜻蛉《かげろう》日記』の作者で藤原道綱《みちつな》の母。

7 一条《いちじょう》天皇

『枕草子《まくらのそうし》』『紫式部《むらさきしきぶ》日記』などに登場する天皇。皇后（定子《ていし》）・中宮《ちゅうぐう》（彰子《しょうし》）のふたりの后《きさき》を初めて並立させる。

8 藤原道隆《ふじわらのみちたか》

兼家《かねいえ》の長男。中宮定子《ちゅうぐうていし》の父。兼家のあとを継いで関白《かんぱく》となる。『枕草子《まくらのそうし》』に登場する関白はこの人。

9 中宮定子《ちゅうぐうていし》

道隆《みちたか》の娘。一条《いちじょう》天皇の中宮（のちに皇后）となる。清少納言《せいしょうなごん》が仕《つか》えた。『枕草子《まくらのそうし》』に登場する中宮はこの人。

10 藤原伊周《ふじわらのこれちか》

道隆《みちたか》の息子。中宮定子《ちゅうぐうていし》の兄。関白《かんぱく》の地位をめぐって叔父《おじ》の道長《みちなが》と争い、失脚する。

11 藤原道長《ふじわらのみちなが》

兼家《かねいえ》の息子。『枕草子《まくらのそうし》』『紫式部《むらさきしきぶ》日記』『栄華《えいが》物語』『大鏡《おおかがみ》』など多くの作品に登場する。兄の道隆《みちたか》・道兼《みちかね》が死去したあと、関白《かんぱく》の地位をめぐり伊周《これちか》と争う。伊周を失脚させ、内覧《ないらん》（関白代理）となり、のちに摂政《せっしょう》となる。娘の彰子《しょうし》を一条《いちじょう》天皇の中宮《ちゅうぐう》にし、前代《ぜんだい》未聞《みもん》の二后並立《にこうへいりつ》を実現させる。他の娘もつぎつぎと歴代の天皇の中宮とし、長きにわたって藤原摂関《せっかん》全盛期を築く。のちに出家し、「入道殿《にゅうどうどの》」「御堂関白《みどうかんぱく》」と呼ばれる。

⑫ 中宮彰子《ちゅうぐうしょうし》

道長《みちなが》の娘。一条《いちじょう》天皇の中宮。紫式部《むらさきしきぶ》が仕《つか》えた。『紫式部日記』に登場する中宮。

⑬ 女院詮子《にょういんせんし》

兼家《かねいえ》の娘。道隆《みちたか》・道兼《みちかね》・道長《みちなが》の姉。一条《いちじょう》天皇の母で、女院の権限を持つ。道長《みちなが》と伊周《これちか》の関白《かんぱく》争いのときに、息子である一条天皇に泣きついて、強引に道長を内覧《ないらん》（関白代理）にさせた。

⑭ 清少納言《せいしょうなごん》

『枕草子《まくらのそうし》』の作者。中宮定子《ちゅうぐうていし》（のち皇后）に仕《つか》えた女房《にょうぼう》。歌人清原元輔《きよはらのもとすけ》の娘。

⑮ 紫式部《むらさきしきぶ》

『源氏物語《げんじものがたり》』『紫式部日記』の作者。中宮《ちゅうぐう》彰子《しょうし》に仕《つか》えた女房《にょうぼう》。

⑯ 和泉式部《いずみしきぶ》

『和泉式部日記』の作者。愛する為尊《ためたか》親王の死後、その弟の敦道《あつみち》親王と恋愛、その心情を日記に記す。恋多き女。名歌人。娘の小式部内侍《こしきぶのないし》も名歌人で、母娘ともに中宮彰子《ちゅうぐうしょうし》に仕《つか》えた女房《にょうぼう》。

藤原家

- 血族・主従を理解しておくべき人物に限る
- ←［　］は出仕した著名な女房
- 人物名に付した数字は説明文の通し番号

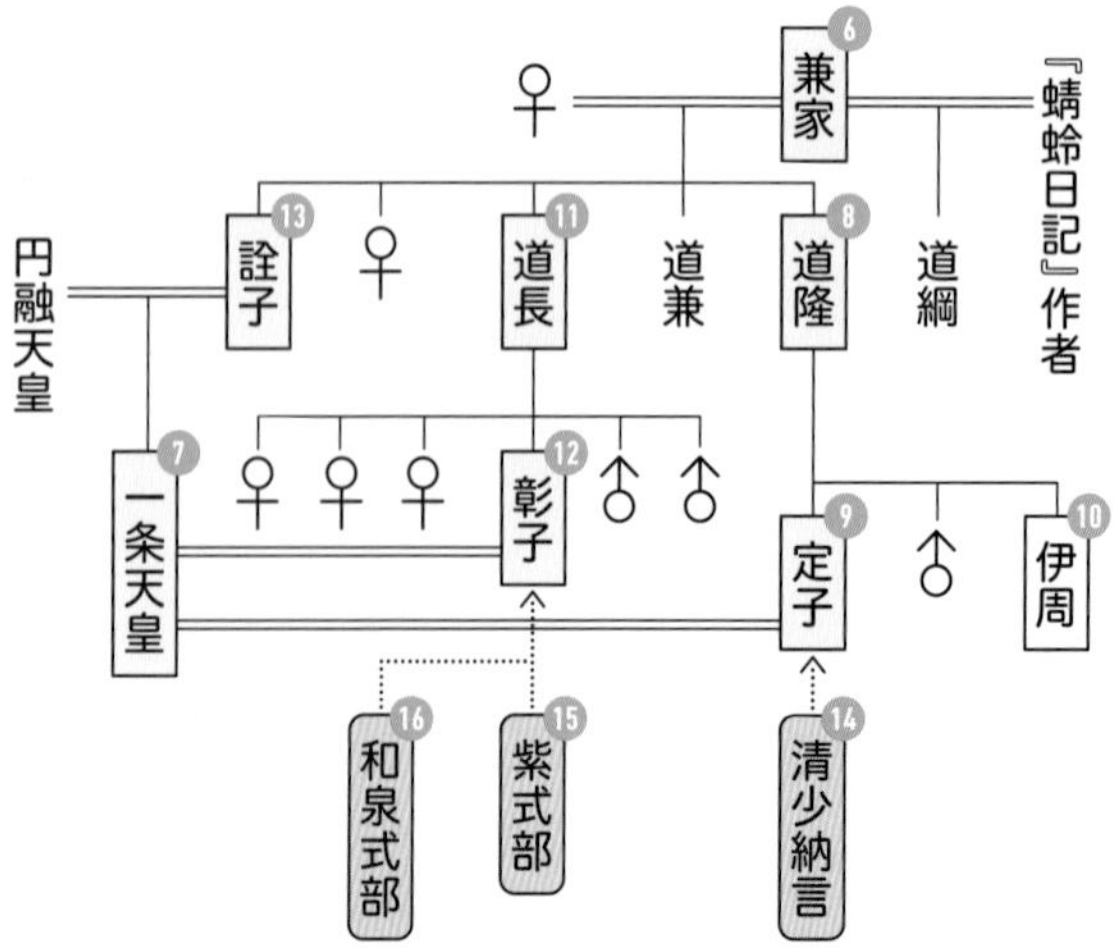

17 藤原公任《ふじわらのきんとう》

『和漢朗詠集《わかんろうえいしゅう》』の編者。和歌・漢詩・管弦に秀でたマルチタレント。『大鏡《おおかがみ》』などに「四条大納言」として登場する。

18 藤原行成《ふじわらのゆきなり》

達筆で有名な平安三蹟《さんせき》のひとり。『枕草子《まくらのそうし》』にも頻繁に出てくる。

19 安倍晴明《あべのせいめい》

陰陽師《おんようじ》。超能力を有し、天変地異《てんぺんちい》によって政変を予知し、吉凶を占う。『大鏡《おおかがみ》』などに登場する。

20 平清盛《たいらのきよもり》

平家の総大将。平安後期、院や天皇と姻《いん》戚《せき》関係を結び、政権を握る。『平家物語《へいけものがたり》』では「入道清盛《にゅうどうきよもり》」「相国入道《しょうこくにゅうどう》」「浄海《じょうかい》」などの呼称で登場する。栄華を極めるが、清盛の死後、平家は衰退の一途《いっと》をたどり、滅亡する。

◆18の「行成」は、日本史では「こうぜい」と読ませますが、同一人物です。

源氏物語の
紫式部
枕草子の
清少納言
今で言うと
こんなかんじにゃん
バリバリの
キャリアウーマン!
バリキャリ

付表2

ピックアップ文学史

入試問題によく出る文学史の知識をピックアップしました。
頻出の設問形態に応じて、「ジャンル別」「作者別」「作品別」にまとめています。

ジャンル別

おもに平安時代（中古）から鎌倉・室町時代（中世）の作品群です。入試本文の出典に対して、「前の作品を選べ」「後の作品を選べ」「古い順に並べよ」など、ジャンル別の作品順を問題にすることが多いので、**【成立順の覚え方】**をゴロ暗記などで助けました。

複数のジャンルにまたがる設問もあります。すべての作品の成立年を暗記しておくのは至難のわざですから、平安文学全盛期である**一〇〇〇年ごろ**だけを暗記し、それを軸に「前」か「後」かを考えると簡単です。

全ジャンルの流れは、262ページ**【古典文学史 早わかりチャート】**も参照してください。

① 物語〔平安時代〕

「物語」は、大きく「作り物語」と「歌物語」に分かれます。

「作り物語」は架空の作り話。現実味のない奇妙な伝承話なので「伝奇《でんき》物語」ともいいます。

「歌物語」は、和歌を中心に、詠《よ》まれた事情や背景を物語にしたものです。

2つの大きな流れが合体して、一〇〇〇年ごろに『源氏物語』という最高傑作が誕生します。

〔⑧〕内の4作品はほぼ同時期、『とりかへばや物語』は平安末期の作品です。

作り物語
①竹取物語
⑤宇津保物語
⑥落窪物語

歌物語
②伊勢物語
③大和物語
④平中物語

平安1000年ごろ
→ ⑦源氏物語（紫式部）

⑧
浜松中納言物語
堤中納言物語
夜の寝覚
狭衣物語

⑨とりかへばや物語

成立順の覚え方 ゴロ暗記

「竹取」の「伊勢《イセイ》」のよいうちは「大《タイ》」「平《ヘイ》」だ。「宇津《ウツ》〱《ウツ》」として「落《オチ》」込めば「源氏」になる。「中納言」よ「中納言」よ、「夜」の「衣《コロモ》」を「とりかへ」たい。

»『源氏物語』が一〇〇〇年ごろと覚えておく。

〈解説〉
竹取じいさん（のような職人）の威勢《いせい》のよいうちは、（天下は）泰平《たいへい》だ。鬱々《うつうつ》として落ち込めば、（悲恋に悩んだ）光源氏のようになる。（私の愛する）中納言よ、中納言よ、夜の衣を取り替え（愛を交わし）たい。

② 日記［平安時代〜鎌倉時代］

漢字は男文字、ひらがなは女文字といわれた平安時代に、紀貫之《きのつらゆき》が女のふりをして『土佐《とさ》日記』を書いたのがきっかけとなり、かなによる女流文学が花開きました。

平安

1000年ごろ

①土佐日記（紀貫之）
②蜻蛉《かげろう》日記（藤原道綱《みちつな》の母）
③和泉式部日記
④紫式部日記
⑤更級《さらしな》日記（菅原孝標《たかすえ》の女《むすめ》）
⑥讃岐《さぬきの》典侍《すけ》日記（讃岐典侍）

鎌倉

⑦建礼門院右京大夫《うきょうのだいぶ》集
⑧十六夜日記（阿仏尼《あぶつに》）
⑨とはずがたり

『蜻蛉日記』の作者と、『更級日記』の作者は、伯母《おば》と姪《めい》の関係です。

また、和泉式部と紫式部は中宮彰子《しょうし》に仕えた女房です（252ページ⑫⑮⑯参照）。1000年ごろに活躍し、清少納言らとともに平安女流文学全盛期を築きました。

鎌倉時代にも多くの日記がありますが、入試頻出の3作品は覚えておきましょう。

ゴロ暗記

成立順の覚え方

［平安時代］
①と⑥、②と⑤、③と④というふうに、外側から二つ一組にして覚える。
①・⑥＝「土佐」「讃岐」は四国の地名。
②・⑤＝作者が伯母（藤原道綱の母）と姪（菅原孝標の女）の関係。
③・④＝「〜式部日記」

［鎌倉時代］
⑦⑧⑨
「門《モン》」を出て「十六夜《イザヨイ》」の月に「語り」かけ。

≫『和泉式部日記』『紫式部日記』が一〇〇〇年ごろと覚えておく。

③ 勅撰和歌集〔平安時代～鎌倉時代〕

天皇や院の勅命《ちょくめい》によって名歌を撰《えら》んで編集したものを「勅撰《ちょくせん》和歌集」といいます。みずからが撰集に関わる場合もありますが、多くは当代きっての名歌人を撰者《せんじゃ》にします。

平安から鎌倉初期にかけて編集された八つの勅撰和歌集を合わせて「八代集《はちだい》」、そのうちの初め三つを「三代集《さんだい》」と呼びます。三代集の終わりが一〇〇〇年ごろに当たります。

撰者も赤字は暗記しましょう。『後撰《ごせん》和歌集』の「梨壺《なしつぼ》の五人」（71ページ参照）のうち、清原元輔《きよはらのもとすけ》は清少納言の父としても有名です（250ページ❹・252ページ⓮参照）。また、『千載《せんざい》和歌集』の藤原俊成《としなり》と、『新古今和歌集』の藤原定家《さだいえ》は、父と子の関係です。

＊名前は音訓両読みがあり、「俊成」はシュンゼイ、「定家」はテイカとも読みます。

平安｜鎌倉

1000年ごろ（③と④の間）

八代集（①～⑧）　三代集（①～③）

	撰者
①古今和歌集	紀貫之・凡河内躬恒《おおしこうちのみつね》 紀友則・壬生忠岑《みぶのただみね》
②後撰和歌集	梨壺の五人（清原元輔ほか）
③拾遺和歌集	藤原公任（Ⅰ説） 花山院（Ⅱ説）
④後拾遺和歌集	藤原通俊
⑤金葉和歌集	源　俊頼
⑥詞花和歌集	藤原顕輔
⑦千載和歌集	藤原俊成
⑧新古今和歌集	藤原定家ほか

成立順の覚え方

①・⑧＝最初の「古今」と最後の「新古今」をまず覚える。

②＝「古今」の後で撰ぶから「後撰」

③＝その遺《のこ》りを拾うので「拾遺」

④＝更にその後だから「後拾遺」

⑤⑥⑦

ゴロ暗記

「金曜　しか　ぜんざい食べない」

と覚える。

»『拾遺』が一〇〇〇年ごろと、『新古今』のみ鎌倉時代であることを覚えておく。

〈参考〉六歌仙《ろっかせん》

『古今和歌集』の「仮名序《かなじょ》」（ひらがなの序文）に論評された平安初期の代表的な歌人です。

在原業平《ありわらのなりひら》

大伴黒主《おおとものくろぬし》

喜撰法師《きせんほうし》

文屋康秀《ふんやのやすひで》

僧正遍昭《そうじょうへんじょう》

小野小町《おののこまち》

ゴロ暗記

「ありぁ、おお　きなフン！」

「そう　ぉ？」

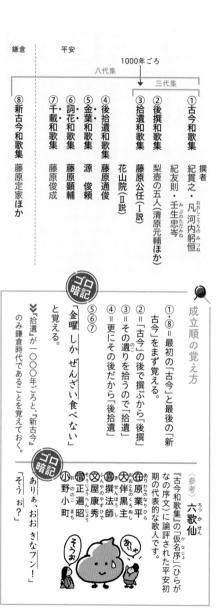

④ 随筆〔平安時代〜江戸時代〕

「随筆《ずいひつ》」は、作者の体験・見聞・感想・批評などを、自由な形式で書き綴《つづ》ったものです。

作品は時代の影響を色濃く映していて、平安の『枕草子《まくらのそうし》』は宮廷貴族文化を、鎌倉の『方丈記《ほうじょうき》』『徒然草《つれづれぐさ》』は無常観を、江戸の『玉勝間《たまかつま》』は国学、『花月草紙《かげつそうし》』は儒教的な道理を基調としています。

時代	作品
平安（1000年ごろ）	①枕草子（清少納言）
鎌倉	②方丈記（鴨長明《かものちょうめい》）
鎌倉	③徒然草（兼好《けんこう》法師）
室町	
江戸	④玉勝間（本居宣長《もとおりのりなが》）
江戸	⑤花月草紙（松平定信）

成立順の覚え方 ゴロ暗記

「枕」片手に「方丈《ホウジョウ》」の家で「徒然《ツレヅレ》」紛らわし、「玉」に「花月《カゲツ》」でウサ晴らし。

»『枕草子』が一〇〇〇年ごろと覚えておく。

〈解説〉
枕を片手に（寝転んで）、一丈《いちじょう》四方《しほう》（＝約3㎡）の家で退屈を紛らわし、たまに花月で憂《う》さ晴らし（する）。

5 説話［平安時代～鎌倉時代］

神話・伝説・昔話など、古くから語り継がれてきた話を教訓としたものを「説話《せつわ》」といいます。民衆の生活に根ざした「世俗説話」と、仏教信仰へ導く説法《せっぽう》としての「仏教説話」に大別されます。一一〇〇年ごろに成立の『今昔《こんじゃく》物語集』は、世俗説話と仏教説話の両方が収められています。作者名は、『発心集《ほっしん》』の鴨長明《かものちょうめい》、『沙石集《しゃせき》』の無住《むじゅう》は暗記しましょう。

平安
- 世俗説話
  - ④江談抄
- 仏教説話
  - ①日本霊異記
  - ②三宝絵詞
  - ③打聞集

1100年ごろ
- ⑤今昔物語集

鎌倉
- ⑥宇治拾遺物語
- ⑦発心集（鴨長明）
- ⑧十訓抄
- ⑨古今著聞集
- ⑩沙石集（無住）

成立順の覚え方 ゴロ暗記

「霊《レイ》」が出た、「宝《タカラ》」が出たとか「聞」きつけて、「談」義をすればすぐフォーカス。人の噂《うわさ》の好きなのは、「今も昔も」変わらない。「宇治《ウジ》く《ウジ》」しないで「発心《ホッシン》」すれば「十訓《ジキ》」に「古今《ココン》」に知れ渡り、「石」にその名が刻まれる。

»『今昔物語集』が一一〇〇年ごろと覚えておく。

〈解説〉
（どこかに）霊が出たとか、宝が出たとか聞きつけて、（人々があれこれと）談義をすればすぐ注目。人の噂が好きなのは、今も昔も変わらない。（噂されても）ウジウジしないで、（注目を浴びる）決心をすれば、じきに古今《ここん》（東西《とうざい》）に知れ渡り、（有名人として）石碑《せきひ》にその名が刻まれる。

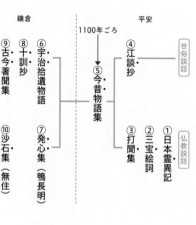

⑥ 歴史物語［平安時代～室町時代］

歴史上の事実や人物に批評を加え、歴史性と文学性を兼ね備えた物語を「歴史物語」といいます。一〇〇〇年ごろ成立の『栄華物語』は、藤原道長《ふじわらのみちなが》（251ページ⑪参照）の栄華を描いた作品で、タイトルに賛美の意識が表れています。『大鏡《おおかがみ》』も藤原道長を中心としていますが、「鏡」のタイトルに歴史をそのまま映す客観的な批判精神が感じられます。

『大鏡』『今鏡』『水鏡』『増鏡《ますかがみ》』の4作品を、合わせて「四鏡《しきょう》」と呼びます。

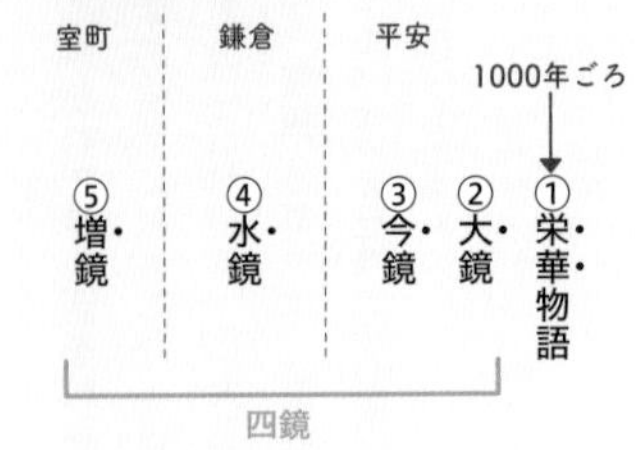

成立順の覚え方　ゴロ暗記

「栄華《エイガ》」を見ると、「大《ダイ》」「今《コン》」役者。
「水《ミズ》」「増《マシ》」料金返してほしい。

≫『栄華物語』が一〇〇〇年ごろと覚えておく。

〈解説〉
映画を見ると、大根役者。
水増し料金を返してほしい。

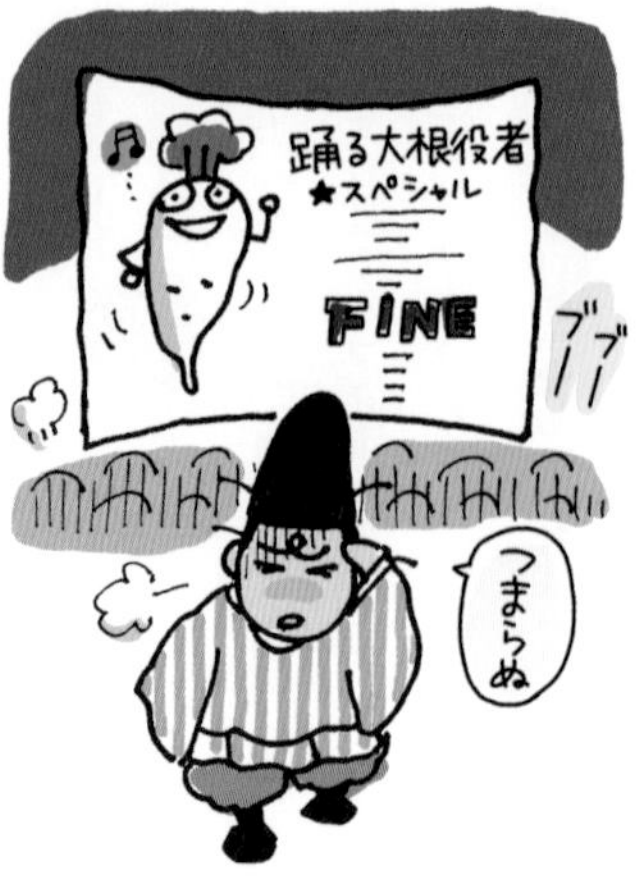

⑦ 軍記物語〔鎌倉時代～室町時代〕

中世の戦乱や合戦《かっせん》を中心に、時代の推移を描いた物語を「軍記物語」といいます。力強い和漢混交文《わかんこんこうぶん》で書かれています。なかでも、平清盛《たいらのきよもり》（253ページ⑳参照）を中心とする平家一門の栄枯盛衰を描いた『平家物語』は文学性が高く、琵琶法師《びわほうし》の語る「平曲《へいきょく》」として民間に親しまれました。『源平盛衰記《げんぺいじょうすいき》』はその異本といわれています。

鎌倉
①保元物語
②平治物語
③平家物語
④源平盛衰記

室町
⑤太平記
⑥曾我物語
⑦義経記

成立順の覚え方 ゴロ暗記

「元々《モトモト》」の「治」めた「家」は「盛衰」し、「太平」洋越えて出ていく「我《ワレ》」と「義経《ギケイ》」。

〈解説〉
もともとの（父が）治めた家は盛衰し、太平洋を越えて出ていく私と義兄《ぎけい》だ。

古典文学史 早わかりチャート

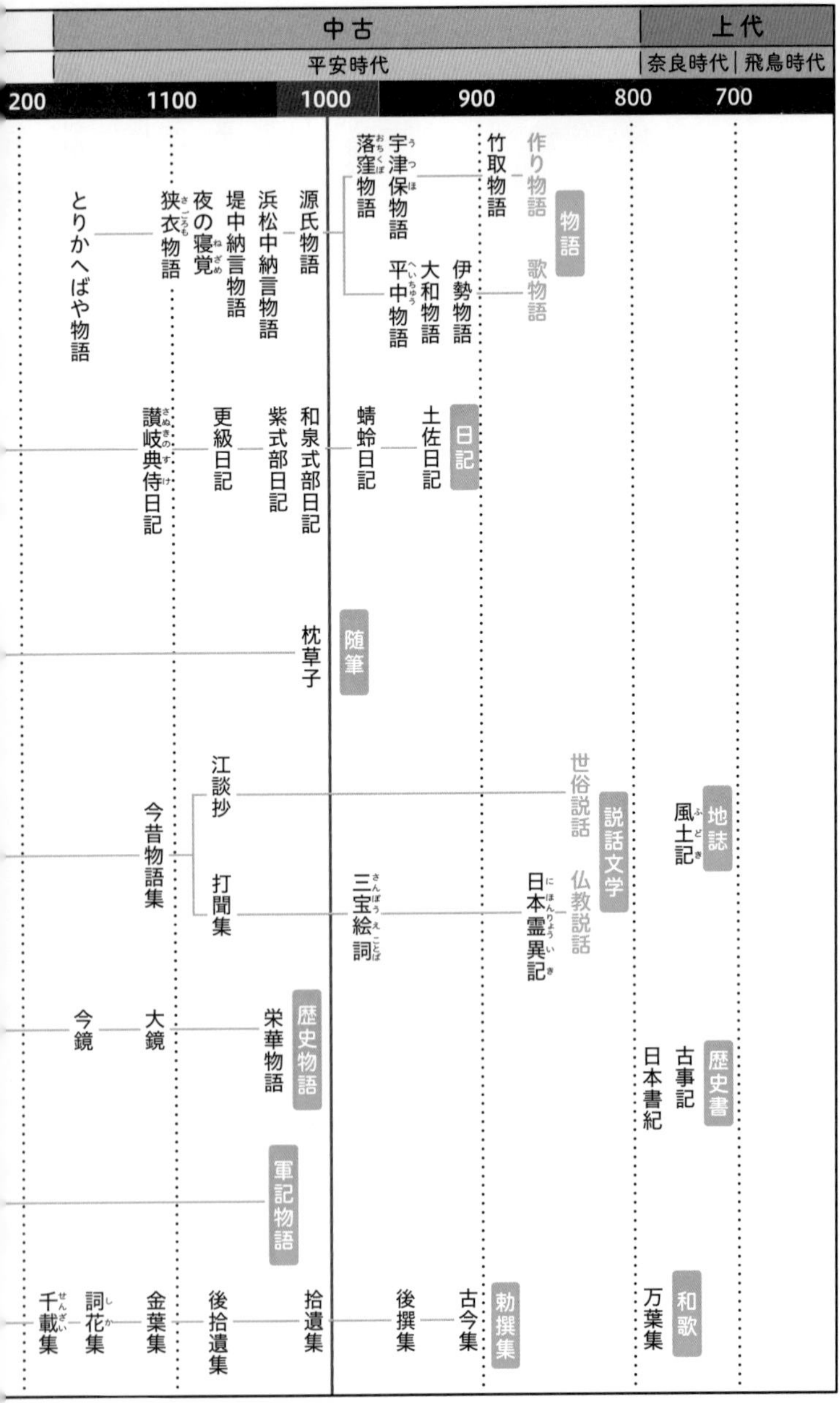

近世		中世	
江戸時代		室町時代	鎌倉時代

1800 ｜ 1700 ｜ 1600 ｜ 1500 ｜ 1400 ｜ 1300

浮世草子
▼井原西鶴
好色一代男
世間胸算用《せけんむねざんよう》ほか

俳文紀行
▼松尾芭蕉
笈《おい》の小文《こぶみ》
奥の細道ほか

建礼門院《けんれいもんいん》右京大夫集《うきょうのだいぶしゅう》
十六夜《いざよい》日記
とはずがたり

俳諧
貞門 — 談林 — 蕉風
芭蕉七部集

方丈記 — 徒然草 — 玉勝間《たまかつま》
花月草紙

宇治拾遺物語 — 十訓抄《じっきんしょう》
古今著聞集《ここんちょもんじゅう》
発心《はっしん》集 — 沙石《しゃせき》集

浄瑠璃《じょうるり》
▼近松門左衛門
曽根崎心中《そねざきしんちゅう》
国性爺合戦《こくせんやかっせん》ほか

水鏡 — 増鏡

保元《ほうげん》物語
平治《へいじ》物語
平家物語 — 源平盛衰記《げんぺいじょうすいき》（せい） — 太平記 — 曽我《そが》物語
義経記《ぎけいき》

国学
▼賀茂真淵《かものまぶち》
万葉考ほか
▼本居宣長《もとおりのりなが》
万葉集玉の小琴《おごと》
源氏物語玉の小櫛《おぐし》ほか

新古今集

作者別［江戸時代］

ひとりの作者が多くの作品を残した江戸時代（近世）は、【同じ作者の作品】を選ぶ問題が多く、一七〇〇年代を軸に活躍した文人を取り上げます。

1 井原西鶴《いはらさいかく》［江戸時代前期の浮世草子《うきよぞうし》作家］

裕福な商家に生まれ、俳諧《はいかい》で活躍しますが、41歳で小説に転向。世相・人情・風俗を描く浮世草子を創始します。浮世草子は好色物《こうしょくもの》・町人物《ちょうにんもの》・武家物《ぶけもの》・雑話物《ざつわもの》に分類されます。

好色物
好色な生活や恋愛事件・心中事件を描く。
『好色一代男《いちだいおとこ》』
『好色五人女《ごにんおんな》』
『好色一代女《いちだいおんな》』

町人物
町人の経済生活を描く。
『日本永代蔵《にっぽんえいたいぐら》』
『世間胸算用《せけんむねさんよう》』

武家物
武家社会における武士の気質を描く。
『武家義理物語《ぶけぎりものがたり》』

雑話物
諸国の珍談・奇談を集めた説話風の作品。
『西鶴諸国咄《さいかくしょこくばなし》』

2 松尾芭蕉《まつおばしょう》［江戸時代前期の俳人］

京都の北村季吟《きたむらきぎん》に俳諧《はいかい》を学び、江戸に出て西山宗因《にしやまそういん》らの談林派《だんりんは》で名をあげますが、37歳で深川に芭蕉庵《ばしょうあん》を構えて、独自に芸術的な蕉風《しょうふう》俳諧を樹立します。句は『猿蓑《さるみの》』など「芭蕉七部集《しちぶしゅう》」に収められています。また、各地を旅して俳文紀行《はいぶんきこう》を書き残しました。

俳文紀行

『野《の》ざらし紀行』
『鹿島《かしま》紀行』
『笈《おい》の小文《こぶみ》』
『更科《さらしな》紀行』
『奥《おく》の細道《ほそみち》』

芭蕉七部集（俳諧七部集ともいう）

『冬の日』
『春の日』
『曠野《あらの》』
『ひさご』
『猿蓑《さるみの》』
『炭俵《すみだわら》』
『続《ぞく》猿蓑』

3 近松門左衛門《ちかまつもんざえもん》［江戸時代前期の浄瑠璃《じょうるり》作家］

戯曲の天才で、竹本座を興《おこ》した竹本義太夫《ぎだゆう》などに浄瑠璃の作品を提供したほか、歌舞伎《かぶき》や狂言の名作も生んだ日本のシェークスピアです。浄瑠璃には時代物《じだいもの》と世話物《せわもの》があります。

時代物

歴史上・伝承上の事件を題材に、義を貫く武士道精神を描く。
『出世景清《しゅっせかげきよ》』
『国性爺合戦《こくせんやかっせん》』

世話物

心中や殺人事件を題材に、義理と人情に苦しむ町人社会の悲劇を描く。
『曾根崎心中《そねざきしんじゅう》』
『冥途《めいど》の飛脚《ひきゃく》』
『心中天の網島《しんじゅうてんのあみじま》』
『女殺油地獄《おんなごろしあぶらのじごく》』

4 賀茂真淵《かものまぶち》［江戸時代中期の国学者・歌人］

国学を学び、神道《しんとう》思想に影響を受け、日本の古代の道を説きました。万葉集など古典の研究に努め、門下から本居宣長を出します。表題に『〜考』がつくのが特徴です。

『冠辞考《かんじこう》』
『国意考《こくいこう》』
『祝詞考《のりとこう》』
『万葉考《まんようこう》』

5 本《もと》居《おり》宣《のり》長《なが》［江戸時代後期の国学者・歌人］

医業のかたわら、古典研究を続け、賀茂真淵の教えを受けて『古事記伝《こじきでん》』を執筆したほか、さまざまなジャンルの国学を大成しました。多くは表題に『玉〜』がつきます。

『詞《ことば》の玉《たま》の緒《お》』（助詞論）
『万葉集玉《たま》の小琴《おごと》』（歌論）
『源氏物語玉《たま》の小櫛《おぐし》』（物語論）
『玉勝間《たまかつま》』（随筆）

作品別

作品ごとの内容が問題になる場合に備え、主題や内容を一覧にしました。作品のテーマがわかると、文章自体も読みやすくなります。

① 物語

時代	書名	作者	作品の内容
平安	竹取《たけとり》物語	?	作り(伝奇)物語。かぐや姫の生い立ち、五人の貴公子の求婚、昇天を描く。「物語の出《い》で来《き》はじめの祖《おや》」とされる。
	宇津保《うつほ》物語	?	作り物語。名琴の秘曲にまつわる不思議と美女貴宮《あてみや》をめぐる求婚談。
	落窪《おちくぼ》物語	?	作り物語。継子いじめの物語。継母に「落窪の君」とさげすまれた姫君が、少将と結婚して幸福になる。
	伊勢《いせ》物語	?	歌物語。在原業平《ありわらのなりひら》をモデルにした色好みの「男」の一代記。洗練された風雅な愛の世界を描く。
	大和《やまと》物語	?	歌物語。さまざまな歌人の人間模様を描く説話的な作品。
	平中《へいちゅう》物語	?	歌物語。色好み平貞文《たいらのさだふん》(＝平中)と多くの女性との恋愛を描く。『伊勢物語』を連想させるが、失敗談が多い。「平仲《へいじゅう》」とも。
	源氏《げんじ》物語	紫式部《むらさきしきぶ》	一〇〇四～一〇一二年ごろ成立。全五十四帖。 第一部　主人公光源氏の華やかな半生 第二部　光源氏の晩年の苦悩と死 第三部　源氏の次の世代、薫《かおる》と匂宮《におうみや》を中心にした恋愛物語 作り物語と歌物語の集大成。王朝文学の最高傑作であり、世界文学の不朽の名作。 江戸時代の国学者本居宣長《もとおりのりなが》が「もののあはれ」の文学と評した。 ＊274ページ参照
	浜松中納言《はままつちゅうなごん》物語	?	夢のお告げを信じて生きる浜松中納言の数奇な運命を描く。
	堤中納言《つつみちゅうなごん》物語	?	「虫めづる姫君」「花桜折る少将」などの十編からなる短編集。
	夜《よる》の寝覚《ねざめ》	?	中納言と結ばれた中君《なかのきみ》の数奇な運命を描く悲恋物語。『夜半《よわ》の寝覚』とも。
	狭衣《さごろも》物語	源頼国《よりくに》の女《むすめ》	狭衣大将と源氏宮との悲恋物語。
	とりかへばや物語	?	兄妹がとりかえられて育てられる性交換の悲喜劇を描く物語。

② 日記

時代	書名	作者	作品の内容
平安	土佐《とさ》日記	紀貫之《きのつらゆき》	土佐守《とさのかみ》の任を終えて京へ戻る五十余日の船旅日記。女性に仮託して書いた最初のかなによる日記。
	蜻蛉《かげろう》日記	藤原道綱《ふじわらのみちつな》の母	藤原兼家《かねいえ》との愛憎の苦悩を深い心理描写で描く夫婦愛の日記。
	和泉式部《いずみしきぶ》日記	和泉式部	帥宮敦道《そちのみやあつみち》親王との情熱的な恋愛の日記。自伝を「女は…」と物語風に描く。
	紫　式部《むらさきしきぶ》日記	紫式部	一〇一〇年ごろ成立。一条《いちじょう》天皇の中宮 彰子《しょうし》に仕《つか》えた宮廷生活の日記。
	更級《さらしな》日記	菅原孝標《すがわらのたかすえ》の女《むすめ》	物語世界にあこがれる文学少女が人生の厳しさに夢破れるまでの四〇年間の回想日記。
	讃岐典侍《さぬきのすけ》日記	讃岐典侍	お仕えした堀河《ほりかわ》天皇（のち院）の死を悼《いた》む追慕と、幼い鳥羽《とば》天皇に出仕する日々を描いた宮廷日記。
	建礼門院右京大夫集《けんれいもんいんうきょうのだいぶしゅう》	右京大夫	建礼門院に仕えた女房が、恋人平資盛《すけもり》の死を悲しむ歌日記。私家集と分類することも。
	十六夜《いざよい》日記	阿仏尼《あぶつに》	荘園をめぐる息子の財産相続の訴訟に鎌倉へ赴《おもむ》く旅日記。子を思う母の愛にあふれた作品。
	とはずがたり	後深草院二条《ごふかくさいんにじょう》	後深草院をはじめ数々の恋愛を重ねた苦悩と、西行《さいぎょう》にあこがれて旅した修行遍歴の日記。

③ 勅撰和歌集〔三代集＝1～3・八代集＝1～8〕

時代	書名		作品の内容
平安	1	古今和歌集《こきんわかしゅう》	醍醐《だいご》天皇の勅命《ちょくめい》による第一番目の勅撰《ちょくせん》和歌集。 撰者《せんじゃ》は、紀貫之《きのつらゆき》・紀友則《とものり》・凡河内躬恒《おおしこうちのみつね》・壬生忠岑《みぶのただみね》。 歌数約一一〇〇首、二〇巻。ひらがなの序文「仮名序《かなじょ》」は紀貫之、漢字の序文「真名序《まな》」は紀淑望《よしもち》による。 おもな歌人 第一期…読人知らずの時代 第二期…六歌仙《ろっかせん》の時代　在原業平《ありわらのなりひら》・大伴黒主《おおとものくろぬし》・喜撰法師《きせんほうし》・文屋康秀《ふんやのやすひで》・僧正遍昭《そうじょうへんじょう》・小野小町《おののこまち》 第三期…撰者の時代　紀貫之・紀友則・凡河内躬恒・壬生忠岑
	2	後撰《ごせん》和歌集	村上天皇の勅命による第二番目の勅撰集。撰者は清原元輔《もとすけ》ほか、「梨壺《なしつぼ》の五人」と呼ばれる。
	3	拾遺《しゅうい》和歌集	一〇〇五年ごろ。花山《かざん》院の編集による第三番目の勅撰集。撰者は花山院自身か藤原公任《きんとう》。
	4	後拾遺《ごしゅうい》和歌集	白河《しらかわ》天皇の勅命による第四番目の勅撰集。撰者は藤原通俊《みちとし》。
	5	金葉《きんよう》和歌集	白河院の勅命による第五番目の勅撰集。撰者は源俊頼《としより》。
	6	詞花《しか》和歌集	崇徳《すとく》院の勅命による第六番目の勅撰集。撰者は藤原顕輔《あきすけ》。
	7	千載《せんざい》和歌集	後白河《ごしらかわ》院の勅命による第七番目の勅撰集。撰者は藤原俊成《としなり》。歌風は、「幽玄《ゆうげん》」「余情」を理念とする。
鎌倉	8	新古今《しんこきん》和歌集	後鳥羽《ごとば》院の勅命による第八番目の勅撰和歌集。 撰者は、藤原定家《さだいえ》ほか。 歌数約一九八〇首、二〇巻。 歌風は、幽玄を発展させた「有心《うしん》」を理念とする。 おもな歌人　定家・西行《さいぎょう》・式子内親王《しきしないしんのう》・寂蓮《じゃくれん》・宮内卿《くないきょう》・後鳥羽院

4

随筆

時代	書名	作者	作品の内容
平安	枕草子《まくらのそうし》	清少納言《せいしょうなごん》	一〇〇一年ごろ成立か。 約三〇〇段の随筆は、「〜もの」で始まるものづくし・自然観照・中宮定子《ていし》に仕《つか》えた宮廷生活の三つに大別される。「をかし」の文学と評される。
鎌倉	方丈記《ほうじょうき》	鴨長明《かものちょうめい》	一二一二年成立。 仏教的無常観を基調とする。表題の「方丈」は、日野山に建てた一丈四方《いちじょうしほう》(＝約3㎡)の庵《いおり》に由来する。大火・大風・福原遷都《せんと》・飢饉《ききん》・地震などの体験や日野山に隠遁《いんとん》するに至った経緯を和漢混交文《わかんこんこうぶん》で書き記す。
鎌倉	徒然草《つれづれぐさ》	兼好《けんこう》法師	一三三〇年ごろ成立。 序段と二四三段から成る。出家僧であるが、宮仕えの経験もあり、仏教的無常観を基調としつつも、王朝貴族文化の造詣《ぞうけい》も深く、多方面に豊かな教養をうかがわせる。 自然観照・人間論・処世論・芸道論・仏道・有職故実《ゆうそくこじつ》など多岐にわたる内容の哲学的随想。
江戸	玉勝間《たまかつま》	本居宣長《もとおりのりなが》	「玉」は美称、「勝間」は籠《かご》で、学問論・古道論・語義など国学者の豊かな見識が盛り込まれた随想。　＊274ページ参照
江戸	花月草紙《かげつそうし》	松平定信《まつだいらさだのぶ》	自然や人生・社会に対する感想を擬古文《ぎこぶん》で述べ、儒教的道理を説く。

5 説話

時代	書名	作者・編者	作品の内容
平安	日本霊異記《にほんりょういき》	景戒《きょうかい》	仏教説話。「悪業のすえ牛になった話」など因果応報《いんがおうほう》の道理を説く。漢文体。
平安	三宝絵詞《さんぼうえことば》	源《みなもとの》為憲《ためのり》	仏教説話。仏《ぶっ》・法《ぽう》・僧《そう》の三宝をかな書き絵入りでわかりやすく説き、仏教への帰依《きえ》を勧める。
平安	打聞集《うちぎきしゅう》	?	仏教説話。仏の霊験《れいげん》と名僧の行跡《ぎょうせき》を語る二十七編を、聞き書きの形式で収める。
平安	江談抄《ごうだんしょう》	?	世俗説話。大江匡房《まさふさ》の談話を書きとめたもの。漢詩文・公事《くじ》・音楽など多方面にわたる。
平安	今昔物語集《こんじゃくものがたりしゅう》	?	仏教説話・世俗説話。天竺《てんじく》(インド)・震旦《しんたん》(中国)・本朝(日本)の国別に、「今ハ昔」で始まる約一〇〇〇話を収める。一一二〇～四〇年ごろ成立か。カタカナ混じりの和漢混交文《わかんこうぶん》。『今昔物語集』に題材を得た近代文学の傑作に、芥川龍之介『羅生門《らしょうもん》』『鼻』などがある。
鎌倉	宇治拾遺物語《うじしゅういものがたり》	?	世俗説話。約二〇〇編のうち八〇余が『今昔物語集』と重複。芥川龍之介『地獄変』はこれに題材を得て書かれた。
鎌倉	発心集《ほっしんしゅう》	鴨長明《かものちょうめい》	仏教説話。発心(＝出家の志)や極楽往生《ごくらくおうじょう》を果たすための教訓を集め、感想や批評を添えた。
鎌倉	十訓抄《じっきんしょう》	?	世俗説話。十ヵ条の徳目《とくもく》に分類し、和漢の約二八〇話を集めた年少者のための教訓説話。
鎌倉	古今著聞集《ここんちょもんじゅう》	橘成季《たちばなのなりすえ》	世俗説話。貴族から武士・庶民に至る幅広い説話を採取した約七〇〇編。
鎌倉	沙石集《しゃせきしゅう》	無住《むじゅう》	仏教説話。庶民に仏教への帰依を勧めるため、仏教の教義を易しく説いた啓蒙的な一二五話。

6 歴史物語

時代	書名	作者	作品の内容
平安	栄華《えいが》物語	正編 赤染衛門《あかぞめえもん》か 続編 ?	正編一〇三〇年ごろ成立か。 藤原道長の栄華を中心に、宇多天皇から堀河天皇に至る約二〇〇年間の宮廷の様子を描く。編年体。
平安	大鏡《おおかがみ》	?	一九〇歳の大宅世継《おおやけのよつぎ》、一八〇歳の夏山繁樹《なつやまのしげき》の二人の老人が若侍《わかざむらい》に昔話を語るという形式で、道長の栄華を中心に文徳《もんとく》天皇から後一条天皇に至る約一七五年間の政治の表裏を描く。紀伝体。
平安	今《いま》鏡	藤原為経《ためつね》	後一条天皇から高倉天皇までの約一四五年間を描く。紀伝体。
鎌倉	水《みず》鏡	?	神武《じんむ》天皇から仁明《にんみょう》天皇までの約一五〇〇年間を描く。編年体。
室町	増《ます》鏡	二条良基《にじょうよしもと》か	一〇〇余歳の老尼が語る形式で、後鳥羽天皇から後醍醐天皇までの約一五〇年間を描く。編年体。

＊編年体…年代順に記述する形式。　＊紀伝体…帝王の伝記「本紀《ほんぎ》」と重臣の伝記「列伝《れつでん》」を記述する形式。

7 軍記物語

時代	書名	作者	作品の内容
鎌倉	保元《ほうげん》物語	?	保元の乱を中心に、源為朝《ためとも》の悲劇を描く。和漢混交文《わかんこんこうぶん》。
鎌倉	平治《へいじ》物語	?	平治の乱を中心に、悪源太義平《あくげんたよしひら》の悲劇を描く。和漢混交文。
鎌倉	平家《へいけ》物語	?	仏教的無常観「諸行無常《しょぎょうむじょう》」を基調として、平家一門の栄枯盛衰のさまを叙事詩的に描く。和漢混交文。琵琶《びわ》法師によって「平曲《へいきょく》」として語り伝えられた。『徒然草』では作者を信濃前司行長《しなののぜんじゆきなが》と伝えているが不詳。
鎌倉	源平盛衰記《げんぺいじょうすいき》	?	『平家物語』の異本の一つといわれるが、大衆受けする読物的要素が強く、統一性を欠く。「盛衰《せいすい》」とも。
室町	太平記《たいへいき》	?	後醍醐《ごだいご》天皇の倒幕計画から鎌倉幕府滅亡、南北朝五〇年の動乱を、南朝の立場から描く。和漢混交文。
室町	曾我《そが》物語	?	曾我兄弟が苦難の末、父の敵《かたき》として工藤祐経《すけつね》を討ち果たすが、のちに悲劇的な最期《さいご》を迎える物語。
室町	義経記《ぎけいき》	?	源義経《よしつね》の不遇な生いたちや悲劇的な人生を重点的に描く。後世の芸能や文学に影響を与えた。

⑧ 浮世草子

時代	書名	作者	作品の内容
江戸	好色一代男《こうしょくいちだいおとこ》	井原西鶴《いはらさいかく》	好色物。主人公世之介《よのすけ》の五四年にわたる愛欲遍歴の一生を描く。
	好色五人女《ごにんおんな》	井原西鶴	好色物。実話に取材した五人の女の恋愛短編集。封建道徳のもとでの自由な恋愛の悲劇を描く。
	好色一代女	井原西鶴	好色物。老尼が自己の生涯の愛欲の遍歴を語る。
	日本永代蔵《にっぽんえいたいぐら》	井原西鶴	町人物。「才覚」と「始末《しまつ》（倹約）」の努力で大金持ちになった町人の話。
	世間胸算用《せけんむねさんよう》	井原西鶴	町人物。大晦日《おおみそか》の借金のやり繰りや駆け引きなど、世知《せち》がらい町人社会の悲喜劇を描く。
	武家義理物語《ぶけぎり》	井原西鶴	武家物。封建制度のもとで義理に忠実であろうとする武士のさまざまな姿を描く。
	西鶴諸国咄《さいかくしょこくばなし》	井原西鶴	雑話物。三都（京・大阪・江戸）を中心に、東北から九州に至る諸国の珍談・奇談・怪談を集めた。

⑨ 俳諧・俳文

時代	書名	作者	作品の内容
江戸	芭蕉七部集《ばしょうしちぶ》	松尾芭蕉《まつおばしょう》	俳諧《はいかい》集。芭蕉の俳諧を門人らが編集した七書を一つにまとめたもの。『俳諧七部集』ともいう。 ①「冬の日」 ②「春の日」 ③「曠野《あらの》」 ④「ひさご」 ⑤「猿蓑《さるみの》」 ⑥「炭俵《すみだわら》」 ⑦「続《ぞく》猿蓑」
	野《の》ざらし紀行《きこう》	松尾芭蕉	紀行文。〈江戸―東海道―伊賀―近畿―江戸〉をめぐる芭蕉紀行の第一作。
	鹿島紀行《かしまきこう》	松尾芭蕉	紀行文。常陸国《ひたちのくに》（茨城県）へ鹿島神宮参詣と筑波山の月見に行く。
	笈《おい》の小文《こぶみ》	松尾芭蕉	紀行文。〈江戸―東海道―伊賀―吉野―須磨・明石―京都〉をめぐる。紀行文のなかに、風雅論や旅論も見られる。
	更科紀行《さらしなきこう》	松尾芭蕉	紀行文。〈美濃―木曽路―江戸〉をめぐる。更科（長野県）では姨捨山《おばすてやま》の名月を眺め、善光寺《ぜんこうじ》に詣《もう》でた。
	奥《おく》の細道《ほそみち》	松尾芭蕉	紀行文。〈江戸―奥州―北陸―大垣〉の歌枕・名所旧跡をめぐる約五か月間の旅。自然と人生のとけあった奥深い詩境がうかがえる。

＊俳諧…「発句《ほっく》」「連句」「俳文」などを含む文芸で、狭義には発句をいう。明治以降「俳句」と呼ばれる。

＊俳文…俳人が書いた随筆・日記・紀行文などで、多くは俳句を伴う文章のこと。

10 浄瑠璃

時代	書名	作者	作品の内容
江戸	出世景清《しゅっせかげきよ》	近松門左衛門《ちかまつもんざえもん》	時代物。源頼朝《よりとも》の命をねらう平景清の悲劇を描く。竹本義太夫《ぎだゆう》のために最初に書いた作品。
	国性爺合戦《こくせんやかっせん》	近松門左衛門	時代物。日本人と中国人の間に生まれた和藤内《わとうない》(のちの国性爺)が中国に渡り、明朝再興に奮闘する。
	曾根崎心中《そねざきしんじゅう》	近松門左衛門	世話物。大阪の曾根崎天神で起きた醤油《しょうゆ》屋の手代《てだい》徳兵衛《とくべえ》と遊女お初《はつ》の心中事件を劇化。
	冥途《めいど》の飛脚《ひきゃく》	近松門左衛門	世話物。飛脚宿の養子忠兵衛《ちゅうべえ》と遊女梅川《うめがわ》の、死を覚悟の逃避行を描く。
	心中天《しんじゅうてん》の網島《あみじま》	近松門左衛門	世話物。大阪の網島の大長寺で起きた紙屋治兵衛《じへえ》と遊女小春《こはる》の心中事件を劇化。
	女殺油地獄《おんなごろしあぶらのじごく》	近松門左衛門	世話物。油屋の次男で放蕩《ほうとう》息子の与兵衛《よへえ》が金に困って同業者の妻を殺して金を奪った殺人事件を劇化。

11 国学

時代	書名	作者	作品の内容
江戸	冠辞考《かんじこう》	賀茂真淵《かものまぶち》	記紀・万葉集の枕詞三二六語を取り上げ、分析・解説した語学書。
	国意考《こくいこう》	賀茂真淵	儒教・仏教などの外来思想を批判し、歌道における日本固有の精神の価値を説く。
	祝詞考《のりとこう》	賀茂真淵	祝詞に関する注釈・研究書。古代の文章の美しさをたたえる。
	万葉考《まんようこう》	賀茂真淵	『万葉集』の研究書。簡明な注釈に独創的な歌評を加えた。
	古事記伝《こじきでん》	本居宣長《もとおりのりなが》	師の賀茂真淵の教えを受けて著した『古事記』の注釈書。三二年間を費やして書き上げた。
	詞《ことば》の玉《たま》の緒《お》	本居宣長	語と語をつなぐ「助詞」を論じた文法書。係り結びの法則や「てにをは」の用法を解説。
	万葉集玉《まんようしゅうたま》の小琴《おごと》	本居宣長	『万葉集』の研究書。師の賀茂真淵の『万葉考』を補説した。
	源氏物語玉《げんじものがたりたま》の小櫛《おぐし》	本居宣長	『源氏物語』の研究書。深い人間感動としての「もののあはれ」論を説く。 ＊267ページ参照
	玉勝間《たまかつま》	本居宣長	学問論・古道論・語義など国学者の豊かな見識が盛り込まれた学問的随筆。 ＊270ページ参照

旧かな読み（新かな読み）	用語	意味	ページ	番号
も				
もぎ	裳着	女子の成人式	43	32
もちづき	望月	十五日の月・満月	199	178
ものあはせ（モノアワセ）	物合	持ち寄った物の優劣を二組で競う会 〈例〉絵合・貝合・根合・薫物合など	195	175
ものいみ	物忌	凶日に悪運を避けるため部屋に籠って読経などをすること	225	210
もののけ	物の怪	悪霊　＊「物の気」「物の故」の表記もある	215	200
ももかのいはひ（モモカノイワイ）	百日の祝	誕生百日目の祝い	41	29
もや	母屋	建物の中央の間	141	117
～もんゐん（モンイン）	～門院	皇太后　＊院の妻・天皇の母	60	44
や				
やくどし	厄年	凶運の年齢　＊その一年は身を慎む	227	213
やまとうた	大和歌	和歌	185	166
やりど	遣戸	出入り口に取り付けた扉	133	109
やりみづ（ヤリミズ）	遣水	庭に造った小川	144	123
ゆ				
ゆするつき	泔坏	洗髪や整髪に用いる湯水を入れておく器	164	144
ゆめ	夢	啓示・お告げ ＊夢に現れた者が自分に伝えようとするメッセージ	228	214
ゆめあはせ（ユメアワセ）	夢合はせ	夢で吉凶を判断すること	229	215
ゆめうら	夢占	夢で吉凶を判断すること	229	215
ゆめとき	夢解き	夢で吉凶を判断すること	229	215
よ				
よ	世	男女の仲	26	13
よ	世	政治	81	65
よそぢのが（ヨソジノガ）	四十の賀	四十歳の長寿の祝い　＊十年ごとの祝賀の一つ	44	33
よのなか	世の中	男女の仲	26	13
よのなか	世の中	政治	81	65
よばふ（ヨバウ）	呼ばふ	求婚する・求愛のために夜に女のところへ行く	17	3
よをいとふ（ヨヲイトウ）	世を厭ふ	出家する	208	188
よをかる	世を離る	出家する	208	188
よをすつ	世を捨つ 世を棄つ	出家する	208	188
よをそむく	世を背く	出家する	208	188
よをのがる	世を遁る	出家する	208	188

さくいん

	旧かな読み（新かな読み）	用語	意味	ページ	番号
へ	へいじ	瓶子	酒や煎じ薬を入れる器	163	141
ほ	ほい	本意	①極楽往生を願うこと ②本来の希望や目的	212	195
	ホウ	袍→はう参照			
	ぼだい	菩提	①悟りの境地　②極楽往生	212	194
	ほっしんす	発心す	出家する	208	188
	ほふわう（ホウオウ）	法皇	もと天皇	59	43
ま	まつりごと	政	政治	81	65
	まな	真名・真字	漢字	186	167
み	みかど	帝・御門	天皇	51	37
	みぐしおろす	御髪おろす	出家する	208	188
	みくしげどの	御匣殿	天皇の妻・皇太子の妻	53	39
	みこ	親王	皇子の位	56	40
	みこし	神輿	神霊の乗る乗物	166	146
	みこし	御輿	天皇の乗る乗物	166	146
	みさう（ミソウ）	御荘	①荘園・貴族の私有地　②大富豪の貴族	131	107
	みす	御簾	すだれ	137	114
	みそひともじ	三十一文字	和歌	185	166
	みちゃう（ミチョウ）	御帳	①寝台　②御座所	139	116
	みはし	御階	宮中や貴族の邸の階段	130	105
	みや	宮	天皇の正妻	52	38
	みや	宮	天皇家の人々	61	45
	みゃうぶ（ミョウブ）	命婦	中臈女房	115	94
	みやのおんかた	宮の御方	中宮付きの女房	111	90
	みやのひとびと	宮のひとびと	中宮付きの女房	111	90
	みやび	雅び	風流　＊平安貴族の美意識	197	177
	みゆき	行幸・御幸	天皇・院のお出かけ	80	62
む	むじゃう（ムジョウ）	無常	この世に永久不滅のものはないという考え	207	186
め	めのと	乳母	養育係	117	98
	めのわらは（メノワラワ）	女の童	雑用をする少女	116	97
も	も	喪	人の死を悼み、哀しみに引きこもること	48	36
	も	裳	女性の正装	150	126

	旧かな読み（新かな読み）	用語	意味	ページ	番号
の	ノウシ	直衣→なほし参照			
	のさき	荷前	〔年末〕年末の吉日に、歴代の天皇の墓に供え物をする儀式	177	157
	のし	熨斗	布のしわをのばしたり温めたりする道具	164	143
	のちのよ	後の世	死後の世界　＊「後の世」は多義語	210	192
	のぼる	のぼる	①高位の人のところへ行く・参上する ②地方から都へ行く	84	69
	〜のむすめ	〜の女	〜の娘	36	23
は	はう（ホウ）	袍	重ね着の衣の一つ	156	131
	はかま	袴	重ね着の衣の一つ	156	131
	はかまぎ	袴着	初めて袴を着ける儀式	42	30
	はしがくしのま	階隠の間	屋根をかけた階段の先の板の間	130	106
	はじとみ	半蔀	格子の裏に板を張った建具	135	111
	はちすのうてな	蓮の台	極楽往生	213	196
	はべり	はべり	高位の人にお仕えする	77	58
	はらから	はらから	きょうだい	36	22
	はれ	晴	正式・公的	82	67
ひ	ひさげ	提子	酒や煎じ薬を入れる器	163	141
	ひさし	廂・庇	母屋の四面にある細長い板の間	141	117
	ひじり	聖	高僧	209	189
	ひたたれ	直垂	男性の服装	153	128
	ひとへ（ヒトエ）	単	重ね着の衣の一つ	156	131
	ひとり	火取	香炉	165	145
	ひのし	火熨斗	布のしわをのばしたり温めたりする道具	164	143
	ひひなあそび（ヒイナアソビ）	雛あそび	女子の娯楽	196	176
	ひめぎみ	姫君	貴族の娘	124	102
	ひをけ（ヒオケ）	火桶	丸火鉢	162	139
ふ	ぶく	服	人の死を悼み、哀しみに引きこもること	48	36
	ぶくも	服喪	人の死を悼み、哀しみに引きこもること	48	36
	ふけまちづき	更待月	二十日の月	201	183
	ふせご	伏籠	香を薫くのに使う籠	165	145
	ふぢつぼ（フジツボ）	藤壺	有力な中宮候補の女御の住まい	69	50
	ふところがみ	懐紙	懐に畳んで入れる紙	157	132
	ふみ	文	手紙	16	2

	旧かな読み（新かな読み）	用語	意味	ページ	番号
と	トウイソクミョウ	当意即妙→たういそくめう参照			
	とうぐう	東宮・春宮	皇太子　＊「太子」ともいう	57	41
	ドウシン	道心→だうしん参照			
	ときのひと	時の人	時流に乗って栄える人	83	68
	ときめく	時めく	寵愛を受ける	83	68
	ところあらはし（トコロアラワシ）	所顕・露顕	結婚披露宴	22	8
	とねり	舎人	高位の人に付き従う警護の供人	104	81
	との	殿	（世帯主である）貴族	121	99
	～どの	～殿	院（上皇）・女院・貴族の邸宅　＊人物の場合もある	74	54
	とのゐ（トノイ）	宿直	宮中や貴族の邸で宿直の夜勤をすること	86	71
	とよのあかりのせちゑ（トヨノアカリノセチエ）	豊明節会	〔十一月中旬〕五節の舞が行われる	174	152
な	ないし	内侍	天皇付きの女性秘書	113	92
	ないしのかみ	尚侍	天皇の妻・皇太子の妻	53	39
	ないしのすけ〈すけ〉	典侍	天皇付きの女性秘書	113	92
	ないしんわう（ナイシンノウ）	内親王	皇女の位	56	40
	なげし	長押	柱から柱へ横に渡した材木	136	113
	なしつぼのごにん	梨壺の五人	『後撰和歌集』の撰者　清原元輔ほか五人	71	51
	なほし（ノウシ）	直衣	男性の略装・ふだん着	152	127
に	にひたまくら（ニイタマクラ）	新手枕	その人との初めての共寝	28	16
	にひなめまつり（ニイナメマツリ）	新嘗祭	〔豊明節会の前日〕新米や穀物を天皇が神に供える儀式	174	151
	にひまくら（ニイマクラ）	新枕	その人との初めての共寝	28	16
	にふだう（ニュウドウ）	入道	高僧　＊「入道」は権力者に多い	209	189
	にょうくゎん（ニョウカン）	女官	宮中で働く女性の下級官僚	116	96
	にょうご	女御	天皇の妻・皇太子の妻	53	39
	にょうばう（ニョウボウ）	女房	宮中で働く女性　＊高位の女性に仕える	110	89
	にょうゐん（ニョウイン）	女院	皇太后　＊院の妻・天皇の母	60	44
ぬ	ぬし	主	世帯主である貴族	121	99
ね	ねたし	妬し	嫉妬する	27	15
	ねたむ	妬む	嫉妬する	27	15
	ねまちづき	寝待月	十九日の月　＊「臥待月」ともいう	201	182
	ねんき	年忌	法事	47	35

	旧かな読み（新かな読み）	用語	意味	ページ	番号
た	たんごのせちゑ（タンゴノセチエ）	端午節会	〔五月五日〕菖蒲（あやめ）と薬玉を飾る	172	149
ち	ちぎり	契り	宿命　＊「契り」は多義語	214	197
	ちぎる	契る	（男女が）深い仲になる	18	4
	ぢげ（ジゲ）	地下	昇殿の許されない役人　＊一般には六位以下の人々	97	76
	ぢもく（ジモク）	除目	〔春と秋〕諸官の任命式 ＊県召（春）・司召（秋）ともいう	178	159
	ちゃうだい（チョウダイ）	帳台	①寝台　②御座所　＊五節の舞の試楽の天皇特別席	139	116
	ちゅういん	中陰	人の死後四十九日間	46	34
	ちゅうぐう	中宮	天皇の正妻	52	38
	ちゅうぐうしき	中宮職	中宮に関することを扱う役所	73	53
	ちゅうしうのくゎんげつ（チュウシュウノカンゲツ）	仲秋観月	〔八月十五日〕月見の宴。芒や団子を供える	181	165
	ちゅうらふにょうばう（チュウロウニョウボウ）	中﨟女房	中位の女房	114	93
	チョウシ	銚子→てうし参照			
	ちょうやうのせちゑ（チョウヨウノセチエ）	重陽節会	〔九月九日〕端午節会の薬玉をはずし、菊を飾る	173	150
	ちょく	勅	天皇の命令	82	66
つ	ついぢ（ツイジ）	築地	土塀	144	122
	ついな	追儺	〔年末〕一年間の災難を追い払う儀式 ＊別名「鬼やらひ」	177	158
	つごもり	晦日	月末	204	185
	つねならぬよ	常ならぬ世	この世に永久不滅のものはないという考え	207	186
	つぼね	局	部屋	72	52
	つま	つま	配偶者　＊夫・妻の両方に使う	30	17
	つまど	妻戸	出入り口に取り付けた扉	133	109
て	て	手	①筆蹟　②楽器の弾き方	194	174
	てうし（チョウシ）	銚子	酒や煎じ薬を入れる器	163	141
	てならひ（テナライ）	手習ひ	習字	194	174
	てんじゃうびと（テンジョウビト）	殿上人	四・五位と六位蔵人 ＊四・五位の役職は93ページ図表参照	96	75
	てんじゃうわらは（テンジョウワラワ）	殿上童	殿上の間に入れる貴族の少年 ＊「童殿上」ともいう	107	87

旧かな読み（新かな読み）	用語	意味	ページ	番号
ジモク	除目→ぢもく参照			
しもづかへのをんな（シモヅカエノオンナ）	下仕の女	雑用をする女性	116	97
じゃうくゎう（ジョウコウ）	上皇	もと天皇	59	43
しゃうじ（ショウジ）〈さうじ〉	障子	襖	136	112
じゃうし（ジョウシ）	上巳	〔三月三日〕雛祭	179	161
しゃうぞく（ショウゾク）〈さうぞく〉	装束	着物	147	124
しゃうにん（ショウニン）	上人	高僧	209	189
じゃうらふにょうばう（ジョウロウニョウボウ）	上臈女房	上位の女房	114	93
じゅだい	入内	天皇・皇太子と結婚するために内裏に入ること	76	55
しゅっし	出仕	宮中で働くこと	76	56
ショウト	兄人→せうと参照			
しるし〈げん〉	験	加持の効きめ	216	202
しんでん	寝殿	貴族の邸の正殿	127	103
しんわう（シンノウ）	親王	皇子の位	56	40
すいがい	透垣	向こうが透けて見える垣	143	120
ずいじん	随身	高位の人に付き従う警護の供人	104	81
すくせ	宿世	宿命	214	197
すけ〈ないしのすけ〉	典侍	天皇付きの女性秘書	113	92
ずさ	従者	供人	104	82
すだれ	簾	すだれ	137	114
すのこ	簀子	縁側	142	118
すびつ	炭櫃	角火鉢	162	139
ずりゃう（ズリョウ）	受領	地方国の長官	100	79
せ	兄・背・夫	夫・愛する男　＊「兄子・背子・夫子」ともいう	32	18
せいりゃうでん（セイリョウデン）	清涼殿	天皇の私生活の場	66	48
せうと（ショウト）	兄人	男きょうだい（兄・弟）	34	20
せっしゃう（セッショウ）	摂政	天皇の代わりに政治を行う実権者	89	72
せん	宣	天皇の命令	82	66
ぜんく〈せんぐ〉	先駆・前駆	行列の先導者	105	83

旧かな読み（新かな読み）	用語	意味	ページ	番号
く				
くるま	車	牛にひかせる乗物	167	147
くゎうごう（コウゴウ）	皇后	天皇の正妻	52	38
くゎんぱく（カンパク）	関白	天皇の代わりに政治を行う実権者	89	72
け				
け	褻	ふだん・私的	82	67
けいす	啓す	中宮・皇太子に申し上げる	79	61
けさう（ケソウ）	懸想	恋すること	27	14
けさうぶみ（ケソウブミ）	懸想文	恋文	16	2
けふそく（キョウソク）	脇息	肘をのせる台	161	138
けまり	蹴鞠	男子の娯楽競技	196	176
げらふにょうばう（ゲロウニョウボウ）	下﨟女房	下位の女房	114	93
げん〈しるし〉	験	加持の効きめ	216	202
げんざ	験者	加持を行って病気を治す者・修験者	216	202
げんぜ	現世	この世・現在の世	210	191
げんぶく	元服	男子の成人式	42	31
こ				
こ	籠	香を薫くのに使う籠	165	145
コウイ	更衣→かうい参照			
コウゴウ	皇后→くゎうごう参照			
コウシ	格子→かうし参照			
コウシン	庚申→かうしん参照			
こうちき	小袿	女性の略装・ふだん着	155	130
コウブリ	冠→かうぶり参照			
こきでん	弘徽殿	有力な中宮候補の女御の住まい	68	49
こくし〈くにのつかさ〉	国司	地方国の長官　＊「〜の守」「〜の介」ともいう	100	79
こくしゅ〈くにのかみ〉	国守	地方国の長官　＊「〜の守」「〜の介」ともいう	100	79
ここのへ（ココノエ）	九重	内裏・宮中	63	46
ごせ	後世	死後の世界	210	192
ごたち	御達	上﨟女房	115	94
このゑふ（コノエフ）	近衛府	宮中の役所	93	73
こもる	籠る	祈願のために寺に泊まり込む・参籠する	217	203
こゆみ	小弓	男子の娯楽競技	196	176
ごんのそち	権帥	大宰府の役人	101	80

	旧かな読み（新かな読み）	用語	意味	ページ	番号
お	おもと	おもと	あなた・〜さん　＊女房を親しみを込めて呼ぶ語	115	95
	おんぞ	御衣	着物	147	124
	おんやうじ（オンヨウジ）〈おんみゃうじ〉	陰陽師	陰陽博士　＊天文・暦・方位などにより吉凶を占う人	220	206
か	かいまみ	垣間見	覗き見	15	1
	かうい（コウイ）	更衣	天皇の妻・皇太子の妻	53	39
	かうし（コウシ）	格子	細い角材を縦横に組んだ建具	134	110
	かうしん（コウシン）	庚申	凶日の一つ。庚申の夜には体内の虫がその人の悪事を神に告げるという俗信がある。それを避けるために宮中で徹夜の催しをする	224	209
	かうぶり（コウブリ）	冠	男子の成人式	42	31
	かうぶり（コウブリ）	冠	男性の正装	148	125
	かけばん	懸盤	食べ物や杯をのせる台や盆	161	137
	かささぎのはし	鵲の橋	①雨夜の七夕に鵲が造る天の河の橋 ②宮中の階段	181	164
	かざし	挿頭	花や草木のかんざし	157	133
	かざみ	汗衫	重ね着の衣の一つ	156	131
	かしらおろす	頭おろす	出家する	208	188
	かたしく	片敷く	ひとり寝をする	23	9
	かたたがへ（カタタガエ）	方違へ	方塞がりのため方角を変えて泊まること	226	212
	かたふたがり	方塞がり	進む方角に神がいて行くことができないこと	226	211
	かたらふ（カタラウ）	語らふ	（男女が）深い仲になる	18	4
	かぢ（カジ）	加持	病気や災難を取り除くために物の怪を調伏する祈禱	216	201
	かな	仮名	ひらがな	186	167
	かへし（カエシ）	返し	返事としての和歌・返歌	190	170
	かへしのうた（カエシノウタ）	返しの歌	返事としての和歌・返歌	190	170
	かものくらべうま	賀茂競馬	〔五月五日〕賀茂神社の境内で行う馬の競技	180	162
	かものまつり	賀茂祭	〔四月〕簾や冠や牛車に葵を飾る ＊別名「葵祭」	176	155
	かよふ（カヨウ）	通ふ	男が（夫または恋人として）女の家へ行く	21	7
	からうた	唐歌・詩	漢詩	185	166

	旧かな読み(新かな読み)	用語	意味	ページ	番号
え	えぼし	烏帽子	男性貴族の略式の冠り物	154	129
お	オウサカノセキ	逢坂の関→あふさかのせき参照			
	おうな	嫗	おばあさん	38	27
	おきな	翁	おじいさん	38	26
	おこなふ(オコナウ)	行ふ	①修行する　②勤行する	215	199
	おしいだし	押出し	簾や几帳の下から女性の衣の一部を出すこと	158	134
	おぢ(オジ)	おぢ	祖父	37	24
	オシキ	折敷→をしき参照			
	オジ	をぢ(伯父・叔父)→をぢ参照			
	おと	音	評判・噂	15	1
	おとうと	おとうと	年下のきょうだい(弟・妹)	35	21
	おとと	おとと	年下のきょうだい(弟・妹)	35	21
	おとど	大臣	大臣	98	77
	おとど〈おほいどの〉	大殿	大臣	98	77
	おとなし	音なし	音沙汰がない	23	10
	おにやらひ(オニヤライ)	鬼やらひ	「追儺」の別名	177	158
	おば	おば	祖母	37	24
	オバ	をば(伯母・叔母)→をば参照			
	おぶつみゃう(オブツミョウ)	御仏名	〔年末〕一年間の罪を祓うための宮中での読経	177	156
	おほいどの(オオイドノ)〈おとど〉	大殿	大臣	98	77
	おほきさいのみや(オオキサイノミヤ)	大后宮	皇太后　＊院の妻・天皇の母	60	44
	おほせごと(オオセゴト)	仰せ言	高位の人の命令	82	66
	おほぢ(オオジ)	おほぢ	祖父	37	24
	おほつごもり(オオツゴモリ)	大晦日	年末	204	185
	おほとなぶら(オオトナブラ)	大殿油	高貴な方の御殿で灯す油の灯火	162	140
	おほば(オオバ)	おほば	祖母	37	24
	おほみや(オオミヤ)	大宮	皇太后　＊院の妻・天皇の母	60	44
	おほやけ(オオヤケ)	おほやけ	朝廷・政府	81	64
	オミ	小忌→をみ参照			

い

旧かな読み（新かな読み）	用語	意味	ページ	番号
いかのいはひ（イカノイワイ）	五十日の祝	誕生五十日目の祝い	41	29
いざよひづき（イザヨイヅキ）	十六夜月	十六日の月	200	179
イザル	ゐざる→ゐざる参照			
いそぢのが（イソジノガ）	五十の賀	五十歳の長寿の祝い　＊十年ごとの祝賀の一つ	44	33
いちのひと	一の人	天皇の代わりに政治を行う実権者	89	72
いつきのみや〈さいぐう〉	斎宮	神に仕える未婚の内親王	58	42
いほり（イオリ）	庵	①粗末な仮小屋 ②僧や隠遁者などの住むささやかな家	218	204
イマチヅキ	居待月→ゐまちづき参照			
いまのよ	今の世	この世・現在の世	210	191
いも	妹	妻・愛する女	33	19
いもうと	妹人	女きょうだい（姉・妹）	34	20
いろ	色	風流　＊平安貴族の美意識	197	177
いろごのみ	色好み	①風流好み　②恋愛好き・恋愛上手	25	12
イン	院→ゐん参照			

う

うきよ	憂き世	つらい俗世	207	187
うたあはせ（ウタアワセ）	歌合	左右二組に分かれた歌人が和歌の優劣を競う催し	188	168
うたまくら	歌枕	①和歌によく詠まれる名所 ②和歌の名所を書き集めた書物	191	172
うち／うち〈だいり〉	内／内裏	天皇	51	37
うち／うち〈だいり〉	内／内裏	内裏・宮中	63	46
うちいで	打出	簾や几帳の下から女性の衣の一部を出すこと	158	134
うちき	袿	女性の略装・ふだん着	155	130
うちぎぬ	打衣	重ね着の衣の一つ	156	131
うどねり	内舎人	高位の人に付き従う警護の供人	104	81
うひかうぶり（ウイコウブリ）	初冠	男子の成人式	42	31
うぶやしなひ（ウブヤシナイ）	産養	誕生祝い	40	28
うへ（ウエ）	上	妻　＊「上」は天皇の意味もある	122	100
うまのかみ	馬頭	宮中の役職	106	85
うら	占・卜	占い	230	216
うらむ	恨む	嫉妬する	27	15
うるふづき（ウルウヅキ）	閏月	十二か月のほかに加えた月　＊「のちの月」ともいう	183	

索引 暗記チェック式

- 用語集の索引として、また暗記チェックリストとして使えます。
  暗記チェックの場合は、コピーのうえ、重要な読みや意味をチェックマーカーで消すなどの工夫をしてください。
- 索引は旧かな読みの50音順ですが、新かな読みでも探せます。
- （　）は新かな読み、〈　〉は別の旧かな読みを示します。

あ

旧かな読み（新かな読み）	用語	意味	ページ	番号
あかだな	閼伽棚	仏に供える水や花を置く棚	218	205
あかりさうじ（アカリソウジ）〈あかりしゃうじ〉	明障子	障子	136	112
あこめ	衵	重ね着の衣の一つ	156	131
あざり〈あじゃり〉	阿闍梨	高僧	209	189
あそび	遊び	①管弦の催し　②和歌・漢詩の催し　③花見の会・月見の会	192	173
あそん	朝臣	貴族の敬称	107	86
あはせ（アワセ）	袷	重ね着の衣の一つ	156	131
あひぐす（アイグス）	相具す	連れ添う	24	11
あひずみ（アイズミ）	相住み	同居	24	11
あひぞひ（アイゾイ）	相添ひ	同居	24	11
あふ（アウ）	逢ふ	（男女が）深い仲になる	18	4
あふさかのせき（オウサカノセキ）	逢坂の関	「逢ふ」の比喩表現	19	5
あふひまつり（アオイマツリ）	葵祭	「賀茂祭」の別名	176	155
ありあけづき	有明月	下旬の月	203	184
あをうまのせちゑ（アオウマノセチエ）	白馬節会	〔一月七日〕白馬行列を見る・若菜摘みをする	171	148

シリーズを
一緒に使えば
もっと効果的！

荻野文子先生の大ベストセラー参考書

マドンナ古文単語 230 れんしゅう帖

パワーアップ版

書きこみながら重要単語が定着＆読解力アップ。古文学習の総仕上げに役立つ実戦ワーク！

古文完全攻略 マドンナ入試解法

入試問題には落とし穴がいっぱい。ムダなく文脈をつかむ入試古文の解法を、この１冊でマスター。

和歌の修辞法

和歌の出題は、急上昇中！共通テストでも要注意の和歌の修辞法をマスターすれば、合格に大きく近づく！

※店頭にない場合は電子版もございます。

合格のために
必要な文法力が
みるみる身につく！

別冊
「早わかり
チャート」
つき

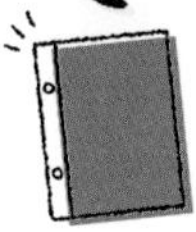

マドンナ古文

パーフェクト版

- 入試古文は全訳しない！　時間をかけずに訳せるところをつないで拾い読みするピックアップ方式。実戦で使える「読むための文法」を身につける。
- 横書き＆オールカラーで、文法書なのにすらすら読める！
- 別冊「識別・訳し分け・敬意の方向早わかりチャート」つきで、入試直前も役に立つ。